HONG KONG

홍콩

CHALET Travel Book

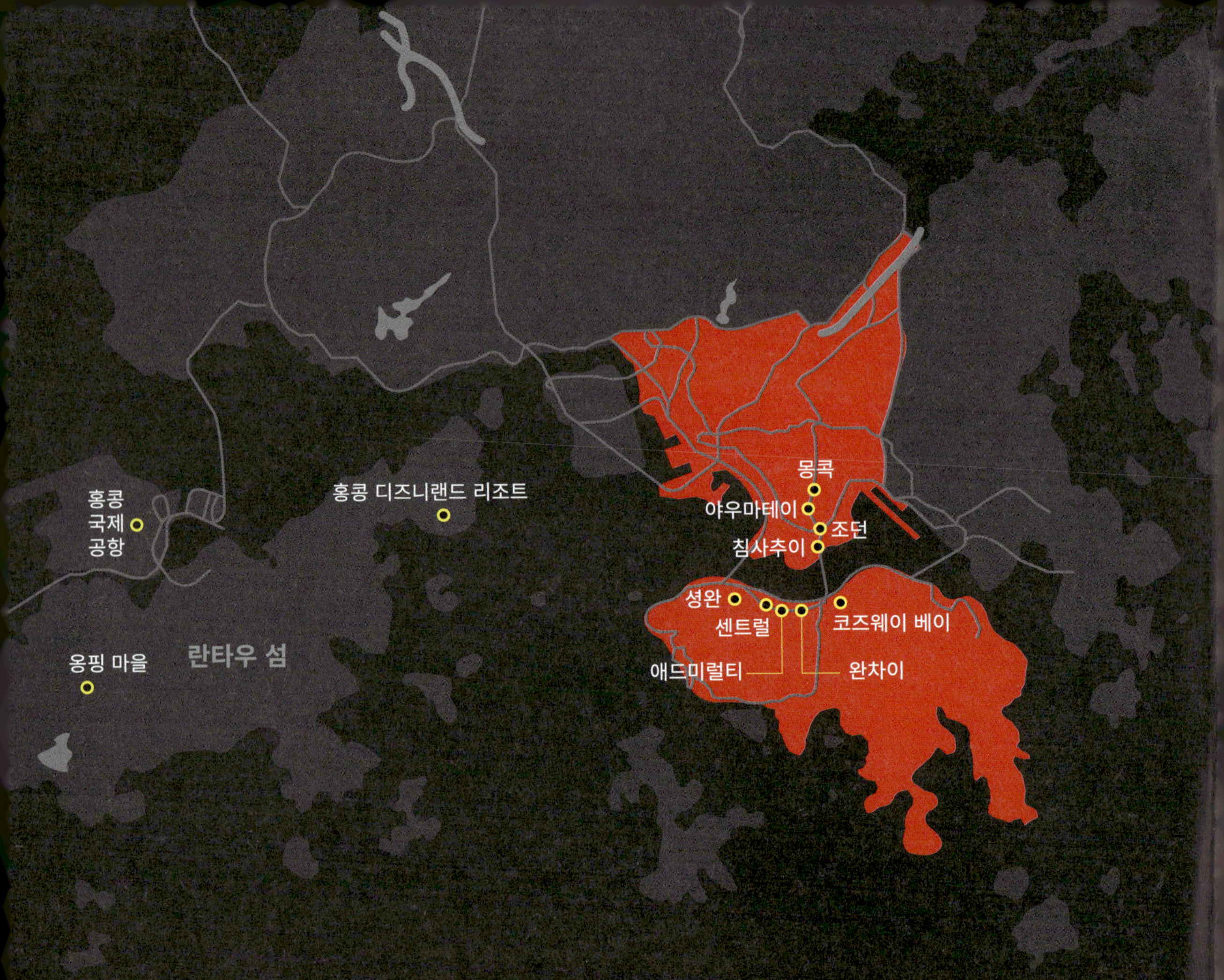

홍콩
국제
공항

홍콩 디즈니랜드 리조트

몽콕

야우마테이

조던

침사추이

성완

센트럴

코즈웨이 베이

애드미럴티

완차이

옹핑 마을

란타우 섬

HONGKONG

홍 콩
香 港

**단순한 길 안내가 아닌
홍콩이 숨겨둔 뜻밖의 이야기들을 만나는 순간.**

CONTENTS

GETTING STARTED **HONG KONG**

HONG KONG HIGHLIGHTS

HONG KONG DINING

HONG KONG SHOPPING

HONG KONG
홍콩 지역별 정보

TRAVEL INFO
홍콩 여행 정보

이 책을 보는 방법

지도

- ✳ MTR 역
- 📷 관광명소
- 🍲 레스토랑
- 🚡 케이블카

본문 정보

- Ⓖ 찾아가는 방법
- Ⓐ 주소
- Ⓗ 오픈 시간
- Ⓟ 메뉴 · 가격
- Ⓤ 홈페이지

GETTING STARTED
HONG KONG

HONG KONG HIGHLIGHTS

서울의 약 1.8배 정도인 작은 도시 홍콩, 그마저도 여행객이 갈 만한 곳은 한정적이지만 그럼에도 놀거리, 먹거리, 볼거리가 넘쳐난다. 광둥 요리의 본고장에 온 만큼 제대로 된 광둥 요리를 맛봐야 하고, 감각적인 카페와 레트로한 마켓도 다녀야 한다. 그런가 하면 시간을 내 근교 바닷가 휴양지도 다녀와야 하고, 가족여행객이라면 디즈니랜드도 돌아야 한다. 그뿐인가, 해가 지면 야경도 빼놓을 수 없다. 홍콩은 과밀화된 인구만큼이나 즐길 거리도 밀도 있고 촘촘하게 모여 있어 그만큼 계획을 잘 세워야 빠짐없이 즐길 수 있는 곳이다. 짧으면 2박, 길어야 4박 정도인 잠깐의 여행에서 반드시 경험해봐야 하는 건 어떤 게 있을까? 홍콩의 머스트 두 아이템을 모아봤다.

MUST DOS IN HONG KONG

1

심포니 오브 라이트

야경을 빼고 홍콩 여행을 논할 수 있을까? '심포니 오브 라이트'는 매일 밤 빅토리아 하버를 밝히는 레이저 쇼로 센트럴과 침사추이의 도심을 화려하게 수놓는다. 중국색이 짙다는 평도, 과거에 비해 화려함이 덜하다는 평도 있지만 그럼에도 홍콩에 왔다면 한 번은 경험해봐야 할 공연이다.

More info → p.135

2

딤섬

광둥 지역에 온 만큼 광둥 요리의 꽃이라 불리는 딤섬을 맛보는 건 당연한 일이다. 딤섬은 우리가 아는 단순 만두 모양에 그치지 않는다. 모양과 맛이 다른 1000여 가지 종류가 있으니 제대로 즐기고자 한다면 두 번, 세 번 경험해도 부족하다. 값비싼 호텔 레스토랑은 물론 가성비 좋은 길거리 체인점에서도 얼마든지 품격의 딤섬을 누릴 수 있다는 사실 잊지 말자.

More info → p.089

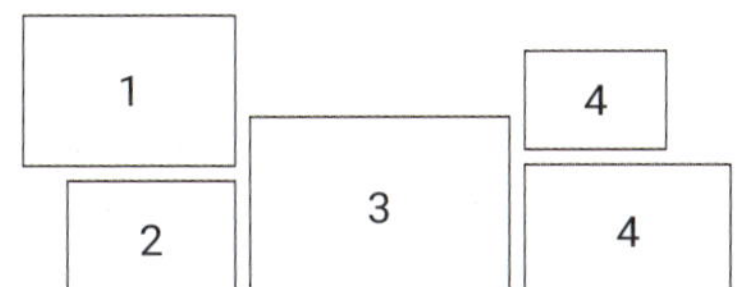

3

힐사이드 에스컬레이터

홍콩의 소호를 통과하는 힐사이드 에스컬레이터. 홍콩인에게는 일상의 교통수단으로, 여행자에게는 영화 〈중경삼림〉 속 명소로 알려져 있다. 전체 길이가 800m에 달하며 해발 135m까지 올라가 세계 최장 길이의 에스컬레이터로 《기네스북》에 등재되어 있다. 오직 홍콩에서만 경험할 수 있는 단 한 가지, 바로 힐사이드 에스컬레이터다.

More info → p.159

4

차찬텡 경험

차찬텡은 우리나라의 분식처럼 홍콩의 서민 음식을 상징한다. 독특한 것은 영국 문화와 중국 문화가 혼재됐다는 것. 그래서 마카로니로 만든 죽이나 프렌치토스트 등이 대표 메뉴다. 음식을 넘어 홍콩의 정체성을 비추는 거울이라 해도 과언이 아닌데 맛도 훌륭하고 금액도 저렴해 한 번 맛보면 두 번, 세 번 찾게 된다.

More info → p.082

5

빅토리아 피크 전망대

1888년에 시작된 산악 트레인 피크 트램을 타고 45도의 급경사를 올라 빅토리아 피크 정상에 도착하면 홍콩 섬의 뾰족한 마천루들과 드넓은 빅토리아 항구가 발아래로 펼쳐진다. 세계 최고 수준이라 해도 과언이 아닌, 끝이 보이지 않는 아찔한 풍경을 배경으로 인생 사진을 건질 수 있다.

More info → p.171

6

옹핑 마을

란타우 섬 포우린 사원에 위치한 높이 26m, 무게 202톤의 청동 좌불상을 가까이에서 보려면 262개의 계단을 올라야 한다. 옹핑 360 케이블카를 타고 불상이 있는 옹핑 마을까지 이동하는 내내 란타우 섬의 수려한 파노라마 경관이 눈앞에 펼쳐진다. 현지인들에게 '평화로운 숲속의 보석'이라 불릴 만큼 고요하고 장엄한 분위기를 간직한 곳이다.

More info → p.050

7

리펄스 베이 & 스탠리

사람 많고 자동차 많은 홍콩에도 조용한 바닷가 마을의 정취를 간직한 곳이 있으니 바로 리펄스 베이와 스탠리다. 홍콩 섬 시내에서 2층 버스를 타고 산과 언덕을 오르면 나타나는데 부호들의 별장과 인공 해수욕장이 있어 고급 휴양지에 온 듯한 기분을 만끽할 수 있다. 한적하게 산책을 누리기 좋은 이곳에서 전에 없던 홍콩을 만나보자.

More info → p.194 & 198

8

란콰이퐁

우리나라에 이태원이 있다면 홍콩에는 란콰이퐁이 있다. 펍과 클럽, 바가 모여 있어 밤이 되면 홍콩의 젊은이와 여행객이 몰려들어 인산인해를 이룬다. 특히 클럽이 문을 여는 주말 자정에는 젊은이들의 웃음소리와 쿵쾅거리는 비트로 온 거리가 시끌벅적해진다. 말 그대로 홍콩의 화려한 나이트 라이프를 원한다면 주저 없이 향해도 좋은 곳이다.

More info → p.161

홍콩이라는 거대한 영화 세트장
습도, 네온 사인, 소음이 만드는 미장센

영화와 현실의 경계가 가장 흐릿한 곳 홍콩.
습기와 네온 사인과 소음이 꽉 찬 화면은
이 도시가 단지 영화의 배경이 아닌
그 자체로 하나의 거대한 미장센임을 보여준다.

홍콩에 도착하면 가장 먼저 공기를 느끼게 된다. 보이는 풍경보다 먼저 몸에 닿는 것, 바로 습기. 옷은 금세 피부에 달라붙고 머리칼은 의지와 상관없이 흐트러진다. 이 도시는 사람을 단정하게 두지 않는다. 공항을 벗어나 도심으로 들어오는 길, 창 밖의 빌딩들은 하나같이 높고 가까워 보인다. 거리감이 사라진 도시, 하늘보다 건물이 먼저 시야를 채우는 풍경. 영화의 첫 장면이 그러하듯, 홍콩은 설명 없이 바로 한가운데로 우리를 데려간다.

왜 늘 거리에서 시작하는가

홍콩 영화를 떠올리면 실내보다 거리 장면이 기억난다. 이유는 단순하다. 홍콩이라는 도시는 거리에서 대부분의 정보가 드러나기 때문이다. 왕가위의 〈중경삼림〉은 시작부터 이를 보여준다. 영화의 초반, 금성무가 군중 속을 달려가는 장면은 몽콕의 실제 보행자 거리에서 촬영됐다. 카메라는 인물을 따라가지 못하고 흔들리며 이동한다. 프레임 안에는 배우뿐 아니라 지나가는 행인, 간판, 상점 불빛이 동시에 들어온다. 이 장면이 인상적인 이유는 연출 기법 이전에 환경 때문이다. 몽콕의 보행로는 폭이 좁아서 사람과 사람 사이의 거리가 자연스럽게 가까워진다. 카메라가 조금만 움직여도 프레임 안의 정보가 과도하게 많아진다. 홍콩 영화의 '혼잡한 화면'은 스타일이 아니라 도시가 지닌 기본 조건에서 비롯된 것이다.

네온 사인은 밤이 아니라 청춘을 밝힌다

해가 지면 홍콩은 다른 얼굴을 드러낸다. 이 도시에서 네온사인은 단순한 조명이 아니라 사람들 사이의 언어다. 붉고 푸른 빛이 겹치며 번지고, 습기를 머금은 공기 속에서 빛은 또렷해지기보다 흐려진다. 그 흐릿함이 이상하게도 마음을 건드린다. 왕가위의 영화 속 장면들이 떠오르는 이유다. 〈타락천사〉에서 카메라는 쉴 새 없이 흔들렸고, 〈아비정전〉의 인물들은 프레임 안에서 완전히 마주치지 않았다. 왜 그토록 고독했을까? 왜 그 사랑은 유통기한이 지난 통조림처럼 쓸모를 다한 과거가 되어버린 걸까? 영화를 다 봐도 끝내 답을 알려주지 않는 이 물음들은 생각해보면 하나의 물음으로 귀결된다. 그럼에도 왜 그들의 청춘은 아름다운 걸까?

네이던 로드, 스쳐 지나갈 수밖에 없는 구조

침사추이에서 북쪽으로 길게 뻗은 네이던 로드는 홍콩의 구조를 가장 직관적으로 보여준다. 상점과 상점 사이의 간격은 좁고 간판은 서로를 밀어내듯 튀어나와 있다. '청킹 맨션'은 홍콩의 성격이 압축된 건물이다. 〈중경삼림〉에서 금성무는 패스트푸드점과 좁은 복도를 반복해서 오간다. 엘리베이터 앞에는 늘 사람들이 몰려 있고 서로의 사정에는 관심이 없다. 이 장면들이 설득력을 갖는 이유는 청킹 맨션이 머무르는 곳이 아닌 이동을 전제로 설계된 공간이기 때문이다. 단기 숙소, 환전소, 소규모 상점이 혼재된 구조상 사람들은 오래 머물지 않는다. 그래서 영화 속 인물들의 관계도 깊어지지 않는다. 만남은 잦지만 연결은 느슨하다. 이것은 감정의 설정이 아니라 공간이 만든 자연스러운 결과다.

계단과 복도가 만들어낸 거리감

왕가위의 이전 작품들과 달리 〈화양연화〉는 홍콩 영화도 '정적'일 수 있다는 것을 증명한 작품이다. 영화에서 양조위와 장만옥은 같은 아파트에 살며 좁은 복도와 계단에서 반복해서 마주친다. 두 사람이 국수를 사러 나가는 장면에서 카메라는 늘 복도 끝이나 계단 아래에 위치한다. 이 장면이 중요한 이유는 홍콩의 주거 환경이 그대로 반영되었기 때문이다. 1960년대 홍콩의 주택은 복도가 좁고 개인 공간이 제한적이었다. 이웃과 마주치는 것은 피할 수 없지만 사적인 대화는 쉽게 허락되지 않았다. 그래서 두 인물은 늘 가까운 거리에 있지만 한 번도 서로를 정면에서 바라보지 못한다. 감정의 억제는 연출이 아니라 공간이 만들어낸 태도에 가깝다.

센트럴의 밤, 〈첨밀밀〉의 현실적인 로맨스

진가신의 〈첨밀밀〉은 홍콩을 기회의 도시로 바라본 영화다. 하지만 이 영화의 인물들 역시 왕가위의 작품처럼 현실적인 동선 위에서 움직인다. 여명과 장만옥이 센트럴 일대에서 함께 걷는 장면에서 카메라는 관광 명소를 보여주지 않는다. 대신 지하 통로, 버스 정류장, 야간 거리 풍경이 반복된다. 이들은 늘 이동 중이고, 정착하지 못한 상태로 도시를 소비한다. 이는 당시 홍콩에 모여들던 이주민들의 실제 생활과 크게 다르지 않다. 홍콩 영화 속에서의 사랑이 늘 불안정하게 느껴지는 이유는 도시가 인물에게 '머물 공간'을 쉽게 허락하지 않기 때문이다.

홍콩 영화는 언제나 이야기보다 공간이 먼저 남는다. 낡은 아파트의 계단, 비에 젖은 골목, 유리창 너머로 흔들리는 네온 사인은 서사의 끝과 함께 사라지지 않았고 30여 년이 지난 지금까지도 같은 표정으로 서 있다. 그래서 홍콩을 걷는 일은 영화를 다시 재생하는 일과 닮아 있다. 카메라가 지나간 자리에는 여전히 같은 습기가 머물고, 배경음악이 흐르던 밤거리는 같은 소음 속에서 빛난다. 홍콩이라는 도시는 늘 재개발을 앞둔 채 프레임 안에 남아 있는 듯하다. 지금의 홍콩은 더 밝고, 더 정돈되었으며, 더 빠르다. 하지만 속도를 조금만 늦추면, 여전히 영화 속에서 보았던 장면들이 겹쳐 보인다. 낡은 건물 사이에서 꺼지지 않는 불빛처럼, 홍콩 영화는 그렇게 도시 한 켠에 남아 있다. 홍콩은 거대한 영화 세트장이 아니다. 오히려 영화가 따라갈 수밖에 없었던 현실의 무대였다. 그리고 그 현실이 변해버린 지금, 영화는 홍콩을 기억하는 가장 정확한 기록으로 남았다.

색채의 유영游泳,
홍콩이라는 팔레트

**비행기의 문이 열리고
더운 공기가 몸을 감싸는 순간부터,
홍콩은 기다렸다는 듯 선명한 원색과
빛바랜 파스텔 톤의 팔레트를 펼쳐 보이며
여행자의 시각을 점령한다.**

홍콩은 유난히 컬러가 많은 도시다. 빛과 소음과 밀도가 만들어내는 이 도시의 표정은 언제나 특정한 컬러로 기억된다. 그리고 그것은 의도적으로 디자인된 것이 아니라, 오랜 시간의 생활과 기능이 겹쳐져 자연스럽게 형성된 결과다.
그래서 이 도시를 기억할 때 특정한 랜드마크보다도 특정한 색의 조합이 먼저 떠오른다. 붉은 택시가 지나가고, 타일 벽이 스쳐가며, 파스텔 빛 외벽 사이로 네온 사인이 켜지는 장면들. 이 모든 색은 홍콩이라는 도시가 살아온 방식에 대한 기록이다.

도시를 흐르는 선명한 혈관,
토요타 크라운의 레드

홍콩의 도로 위를 부유하듯 흐르는 가장 강렬한 색은 단연 레드다. 낡았지만 반짝이는 빨간색 몸체의 택시들은 마치 도시의 혈관을 흐르는 적혈구 같다. 뒷좌석의 낡은 가죽 시트에 몸을 싣고 창밖을 보면 빠른 속도로 스쳐 지나가는 빨간 잔상들이 무채색 아스팔트 위로 생동감을 불어넣는다. 이 빨간색은 단순히 운송 수단의 색이 아니다. 24시간 멈추지 않는 홍콩의 박동이며, 목적지를 향해 거침없이 질주하는 이 도시의 에너지를 닮아 있다. 신계로 들어서면 초록, 란타우 섬에서는 파랑으로 바뀌는 택시의 색 구분 역시 이 도시가 얼마나 기능적으로 색을 사용하는지를 보여주는 사례다.

정거장마다 바뀌는 무드,
MTR의 모자이크 타일

지하로 내려가면 또 다른 색의 세계가 펼쳐진다. 홍콩 MTR 역사는 저마다 고유한 색의 모자이크 타일로 옷을 입고 있다. 침사추이의 레몬에 가까운 노란색, 센트럴의 짙은 빨강, 완차이의 산뜻한 초록까지. 열차가 멈출 때마다 창밖으로 쏟아지는 타일의 색을 보며 어디쯤 와 있는지 짐작하는 것은 홍콩 여행자만이 누릴 수 있는 유희다. 작은 타일들이 모여 이룬 거대한 색의 벽은 자칫 차갑고 삭막할 수 있는 지하 공간을 하나의 갤러리로 탈바꿈시킨다. 이 색들은 바쁜 출근길의 현지인에게는 일상의 이정표가, 낯선 이방인에게는 도시의 인상을 결정짓는 배경색이 된다.

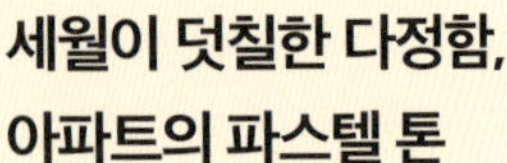

세월이 덧칠한 다정함,
아파트의 파스텔 톤

고개를 들어 하늘을 보면 홍콩의 고층 아파트들은 조금 다른 이야기를 건넨다. 벽이 갈라지고 색이 벗겨진 구룡반도 맨션들의 바랜 파스텔 톤은 다정하고 서정적인 얼굴이다. 수십 년의 세월과 해풍에 씻겨 나간 민트색, 연분홍색, 하늘색 벽면은 강렬한 네온사인 뒤에 숨겨진 홍콩의 진짜 삶을 대변한다. 빽빽하게 들어선 창문 사이로 걸린 빨래들과 그 사이로 비치는 오후의 햇살이 파스텔 톤 벽면과 만날 때, 홍콩은 비로소 화려한 미항美港의 이미지를 벗고 누군가의 따뜻한 '집'이 된다.

찬란한 어둠,
네온 사인의 보라와 초록

밤이 깊어지면 홍콩은 비로소 가장 화려한 옷을 꺼내 입는다. 몽콕의 거리나 침사추이의 뒷골목을 채우는 보라색과 초록색의 네온사인들. 습한 공기 속에서 번지는 이 빛들은 도시를 몽환적인 보랏빛 안개 속에 가둔다. 그뿐인가, 약국의 초록, 레스토랑의 붉은색, 환전소의 노란 불빛이 겹쳐지며 거리 전체가 하나의 화면처럼 보인다. 이 색들은 통일되지 않았기에 더 홍콩답다. 규칙보다는 필요에 따라 켜진 빛들이 서로 겹치며 도시의 표정을 만든다.

대륙과 바다, 영국과 중국 사이

홍콩의 현대사가 만들어낸 두 개의 질서

홍콩은 단순히 번쩍이는 금융 도시가 아니다. 이곳은 19세기 제국주의의 충돌 지점이었고, 20세기 냉전의 비밀스러운 무대였으며, 21세기 중국의 부상을 가장 가까이에서 체감하는 최전선이다. 따라서 홍콩의 현대사가 곧 아시아의 격동기이며 세계의 질서가 재편될 때마다 가장 먼저 흔들리고 변화하는 곳이 바로 홍콩이었다. 1997년 반환 이후 말 그대로 격동기를 겪고 있는 홍콩, 지금의 홍콩이 어떻게 생겨났는지 그들의 현대사를 되짚어본다.

제국주의의 그림자 속에서 태어난 우연의 도시

식민 통치 155년의 시작

홍콩의 근대는 폭력적인 국제 정세 속에서 시작되었다. 영국은 중국 시장 개방을 강요하며 아편전쟁(1840~1842년)을 일으켰고 청나라가 패하면서 서구 열강의 불평등조약이 이어졌다. 그 첫 결과물이 홍콩 섬 할양(1842년, 난징조약)이다. 당시 영국 관료들은 홍콩 섬을 아무 가치 없는 바윗덩어리라 표현했지만, 빅토리아 하버라는 천연의 심장부는 머지않아 아시아에서 가장 중요한 해상, 금융 허브로 성장한다.

영국은 홍콩을 본토와 철저히 구분해 관리했다. 관료제, 법치주의, 자유무역, 커먼로 기반의 사법 시스템이 도입되었고, 이 구조는 훗날 홍콩의 국제 경쟁력을 떠받치는 핵심이 된다. 그러나 영국식 민주주의는 끝내 이식되지 않았다. 홍콩 시민들은 20세기 후반까지 선거권 없는 식민 통치 아래 놓여 있었다는 점에서 서방이 말하는 민주주의의 '전초기지'와는 거리가 있었다.

아시아의 작은 용 탄생

대륙의 격변이 만든 폭발적 성장

1949년 중국 공산당의 승리와 함께 수많은 상공인, 지식인, 자본가들이 홍콩으로 피난했다. 1950년대 후반부터 1970년대는 세계의 공장이 되기 이전의 중국을 대신해 홍콩이 아시아 제조업의 중심축을 담당했다. 방직, 플라스틱, 전자 제품, 시계, 영화 산업이 전 세계로 수출되었고 1970년대 말 홍콩은 이미 아시아의 4대 호랑이 중 하나였다.

냉전 체제 속에서도 영국은 홍콩을 중국과 서방 사이의 '자본주의 쇼윈도'로 활용한다. 이 시기 홍콩의 발전은 단순한 경제성장이 아니라 서구의 이데올로기적 전시 무대였다.

반환

두 세계가 협상한 시간의 정치

홍콩 섬(영구 할양), 침사추이 및 구룡반도(1860년, 베이징조약)와 달리 신계(新界, New Territories)는 99년 임대(1898년)였다. 따라서 1980년대가 시작 되자 홍콩 전체를 어떻게 할지 논의가 불가피해졌다. 중국은 영국에 단호했다. '홍콩은 중국의 땅이며 반환은 협상의 대상이 될 수 없다.' 그러나 덩샤오핑은 경제적 가치를 잘 이해하고 있었다. 그는 한 국가, 두 개의 제도One Country, Two Systems라는 역사적 실험을 제시한다. 이는 중국의 사회주의와 홍콩의 자본주의가 공존하며, 반환 후 50년간 생활 · 제도 · 사법 · 언론 · 경제 시스템을 반환 전과 동일하게 유지한다는 것이었다. 또한 '높은 자치권 보장'을 약속한다. 1997년 7월 1일 마침내 영국의 유니언잭이 내려가고 중국의 오성홍기가 올랐다. 세계는 새로운 정치 모델의 출현을 지켜봤다. 홍콩은 중국의 특별 행정구라는 독특한 법적 지위를 갖게 됐다.

21세기, 중국의 부상과 홍콩의 재배열

일국양제의 긴장 증가

2001년 중국이 WTO에 가입하며 홍콩의 역할은 빠르게 재정의되기 시작했다. 1997년 반환 직후만 해도 본토의 GDP는 홍콩의 7배 수준이었지만 2024년에는 약 35배 이상으로 격차가 벌어졌다. 결과적으로 홍콩은 중국을 위한 필수 관문에서 수많은 관문 중 하나가 되어갔다. 2003년 국가보안법 제정 논란, 2014년 우산 혁명(행정장관 선거제 요구), 2019년 송환법 반대 시위까지 일련의 사건들은 홍콩 시민들이 자율성 후퇴를 체감한 계기였다. 특히 2019년 시위는 도시 전체를 마비시킬 정도로 강도 높게 이어졌고, 중국 정부는 보다 강경한 대응을 택했다.

마침내 2020년 홍콩 국가보안법이 제정됐다. 중국 전국인민대표회의에서 통과된 이 법은 홍콩의 정치, 사회, 언론 환경을 크게 변화시켰다. 시위 조직 다수 해산, 민주파 언론과 정당의 약화, 선거법 개편(친중 성향 비중 강화), 공공질서와 보안 정책 중국 기준에 근접 등이 이루어졌다. 전문가들은 이를 일국양제의 재구성이라 평가했다.

그러나 홍콩은 여전히 '홍콩다움'을 잃지 않았다

정치적 변화 속에서도 홍콩의 도시적 유전자는 여전히 생생하다. 광둥어 · 보통화 · 영어가 동등하게 작동하는 도시, 영국식 법률과 금융 시스템, 중국과 동남아 노동력의 활발한 이동, 아시아 금융 · 물류 · 항공의 핵심 허브라는 점에서 홍콩은 단순히 중국의 한 도시라 부르기엔 너무 많은 역사적 층위를 갖고 있다.

그러나 중국은 홍콩을 포기할 수 없다는 입장이다. 서구 금융 시장에 접근하는 핵심 창구, 대만 통일 전략의 상징적 모델, 중국 기업들의 세계 진출 플랫폼, 중국 고부가가치 자본 유입 경로로서 홍콩의 역할이 중요하기 때문이다. 따라서 현재 홍콩의 정체성은 중국의 한 도시와 글로벌 도시의 중간 지점에서 지속적인 조정을 거칠 수밖에 없는 현실이다.

홍콩은 늘 경계선에서 가장 강했다

홍콩은 지금 세 번째 시대를 맞고 있다. 식민지 시대, 반환 초기 일국양제 시대를 지나 중국, 홍콩 통합의 새로운 단계가 본격화되는 흐름이다. 그 과정이 순탄하진 않지만 홍콩의 매력을 약화시키지만은 않는다. 홍콩은 여전히 질문을 던지는 도시다.

한 국가 안에서 두 체제가 얼마나 공존할 수 있는가?

글로벌 금융 도시의 자율성과 국가의 통제는 어떻게 균형을 이루는가?

정체성은 정체적 경계 속에서 만들어지는가, 아니면 시민의 경험 속에서 만들어지는가?

이 질문에 대한 답은 앞으로의 20년 동안 홍콩이 직접 써 내려갈 것이다. 그리고 그 여정 속에서 홍콩은 다시 한번 세계가 주목하는 경계의 도시로 남을 것이다.

바람과 물이 만든 도시

풍수지리가 설계한 아시아의 가장 역동적인 스카이라인

홍콩의 스카이라인은 언제나 역동적이다. 밤이면 거대한 수정 결정처럼 반짝이고, 낮이면 산과 바다 사이를 가르며 살아 있는 곡선을 그린다. 그러나 이 도시의 강렬한 인상은 단순히 초고층 빌딩의 압도감 때문만은 아니다. 홍콩이 풍수지리와 현대건축이 가장 긴밀하게 공존하는 도시이기 때문이다. 홍콩에서 풍수는 오래된 미신이 아니다. 지형과 빛, 바람의 흐름, 인간이 오가는 동선을 분석해 도시의 '기운'을 읽어내고, 그것을 설계에 반영하는 일종의 보이지 않는 도시기반 시설이다. 그리고 이 보이지 않는 감각이 오늘의 홍콩을 세계 어디에서도 볼 수 없는 독특한 도시 풍경으로 만들어냈다.

홍콩은 세계에서 가장 드라마틱한 자연 지형을 지닌 도시다. 도심 바로 뒤로 해발 수백 미터의 산이 솟아 있고, 그 아래로는 넓고 깊은 빅토리아 하버가 펼쳐진다. 풍수에서는 이를 두고, 뒤로는 용맥龍脈이 기운을 모으고 앞으로는 물이 재물을 끌어들이는 자리, 즉 장풍득수藏風得水라 부른다. 홍콩은 이 조건을 거의 완벽히 갖춘 도시다. 이 자연적 우위는 19세기부터 21세기에 이르는 도시 개발의 모든 방향을 바꾸어놓았고, 건축가들은 어느 순간부터 "홍콩에서는 풍수와 싸울 수 없다"고 말하기 시작했다.

이 도시에서 풍수는 민속적 관습에 머물지 않는다. 대기업의 본사 이전, 대규모 부동산 개발, 호텔 입지 선정까지 풍수 컨설턴트가 참여하는 절차는 오히려 일반적이다. 이는 홍콩의 풍수가 '기운을 다스리는 믿음'이 아니라, 수천 년에 걸쳐 인간의 감각으로 체계화된 지형, 환경, 빛, 바람의 경험적 통계이기 때문이다.

HSBC 본사, 바다의 기운을 품은 건축

센트럴의 중심에서 빅토리아 하버를 정면으로 바라보고 서 있는 HSBC 본사는 홍콩 풍수를 이야기할 때 가장 먼저 등장하는 상징적 건물이다. 건물을 설계한 노먼 포스터는 디자인 전 과정에 홍콩 풍수 마스터를 참여시켰다. 그들의 첫 번째 조언은 명확했다.

"건물은 반드시 바다를 향해야 하며, 기운이 흐를 수 있도록 아래를 막지 말 것."

그 결과 탄생한 구조가 지금의 HSBC 빌딩이다. 1층이 완전히 뚫린 거대한 오픈 아트리움은 단순한 건축적 실험이 아니라, 바다의 기운이 막힘 없이 들어올 수 있도록 열린 '기氣의 통로'다. 도시의 바람은 로비를 그대로 지나 건물 내부 깊숙이 스며들고, 옥상에서 내려오는 채광 시스템은 자연광을 아래까지 끌어내리며 '양기'를 불어넣는다. 에스컬레이터가 완전히 직선이 아니라 약간 기울어져 있는 것도 '악한 기운은 직선으로만 다닌다'는 전통적 믿음과 연결해 설명되곤 한다. HSBC 본사는 홍콩 사람들에게 단순한 금융 기업의 본사를 넘어, 풍수가 잘 맞아 번영을 부른 건물이라는 상징으로 자리 잡았다.

중국은행 타워, 칼날의 기운을 둘러싼 논쟁

중국은행 타워의 외관은 날카로운 삼각형과 X자 프레임이 중첩된 독특한 형태로, 홍콩에서는 오랫동안 칼처럼 주변을 베는 '샤치殺氣'를 내뿜는 건물이라는 이야기가 끊이지 않았다. 특히 건물이 향한 방향이 당시 홍콩 총독 관저와 맞닿아 있어 논란은 더욱 커졌다. 총독이 의문의 죽음을 맞이하자, 이를 건물의 '칼날 같은 기운'과 연결하는 소문까지 나돌았고 관저 주변에는 그 기운을 누그러뜨린다는 의미로 버드나무가 심어졌다.

이 풍수 이야기는 금융권에도 이어졌다. 중국은행 타워 완공 이후, 바로 맞은편에 본사를 둔 HSBC의 실적이 부진을 겪자 일각에서는 "칼 모양 건물의 영향"이라는 해석이 퍼지기 시작했다. 결국 HSBC는 옥상에 중국은행 타워를 향해 거대한 대포 모양의 구조물을 설치했는데, 흥미롭게도 그 후 실적이 서서히 정상 궤도로 돌아오면서 풍수 이야기는 더욱 힘을 얻었다.

이 주변의 건축물도 예외가 아니다. 청콩 센터의 외관이 비교적 밋밋한 형태로 설계된 것 역시 풍수사의 "중국은행 타워의 기운을 자극하지 말라"는 조언 때문이었고, 주변 빌딩들이 하나같이 두꺼운 반사 유리로 지어진 것 또한 샤치를 반사해 기운을 흩어놓으려는 조치로 해석되곤 한다.

리펄스 베이 아파트의 드래곤 홀, 전설이 만든 건축

리펄스 베이 해안의 고급 아파트 단지를 정면에서 바라 보면, 건물 한가운데가 사각형으로 크게 뚫려 있는 독특한 모습을 발견하게 된다. 바로 홍콩 풍수 건축의 상징으로 불리는 드래곤 홀Dragon Hole이다.

전설에 따르면, 리펄스 베이 뒤편 산에는 용이 살고 있는데 이 용이 산에서 바다로 내려가며 기운을 흘려보내서 도시를 보호한다고 여겨졌다. 만약 건물이 그 길을 가로 막으면 기운이 막혀 번영이 저해된다고 믿었기 때문에, 건축가는 용이 지나갈 통로를 확보하기 위해 건물 중앙을 과감히 비워두었다. 홍콩처럼 땅값이 비싼 곳에서 건물의 핵심 공간을 비워낸다는 것은 경제 논리만으로는 설명하기 어려운 결정이다. 그래서 이 건물은 '풍수가 도시의 경제적 판단까지 흔든 대표적 사례'로 회자된다. 관광 기사나 디자인 관련 콘텐츠에서도 반복적으로 소개되며 오늘날까지도 홍콩 풍수 건축의 아이콘으로 자리 잡고 있다.

호프웰 센터, 불의 기운을 누르기 위한 물

완차이에 자리한 호프웰 센터는 독특한 원통형 실루엣으로 잘 알려져 있다. 이 형태 때문에 한동안 현지에서는 '담배를 닮았다'는 이야기가 따라붙었고, 풍수에서는 이를 불火의 기운이 지나치게 강한 건물로 해석했다. 불의 기운이 과하면 조화가 깨진다고 본 풍수 해석에 따라, 관계자들은 이를 중화할 '물水'의 요소가 필요하다고 판단했고, 그 결과 옥상에 원형 수영장이 추가되었다.

건물 꼭대기 층의 회전 레스토랑 또한 눈여겨볼 요소다. 레스토랑은 한 시간에 한 바퀴씩 천천히 돌며 도시 전경을 내려다보도록 설계되어 있는데, 풍수에서는 이 움직임을 기운이 부드럽게 순환하는 장치로 읽어내기도 한다.

땅보다 먼저 바다로 연결된 홍콩
배를 타고 만나는 항구도시

홍콩을 이해하는 가장 정확한 방법은 지도를 펼치는 것이 아니라 배를 타고 항구로 나서는 일이다. 도시는 빽빽한 고층 빌딩으로 기억되지만 그 빌딩들을 하나의 장면으로 묶어주는 것은 언제나 바다였다. 빅토리아 항구는 단순한 풍경이 아니다. 센트럴과 침사추이, 완차이와 카이탁을 잇는 이 물길은 홍콩이 성장해온 방향이자, 도시의 동선 그 자체다. 아쿠아루나의 붉은 돛이 항구를 가로지르고, 스타 페리가 일상의 이동 수단으로 오가는 이유도 여기에 있다. 배 위에 오르면 홍콩의 구조가 또렷해진다. 육지에서는 분절되던 도시의 얼굴이 바다에서는 하나의 파노라마로 이어진다. 유리 빌딩의 반사, 항구를 따라 흐르는 교통, 낮과 밤에 따라 전혀 다른 표정을 드러내는 스카이라인까지. 홍콩은 바다 위에서 가장 솔직한 모습을 보여준다.

Aqualuna
아쿠아루나

빅토리아 하버를 가로지르는 클래식

전통 중국식 범선(정크 보트)을 현대적으로 재해석한 유람선이다. 붉은색 돛이 특징인 이 배는 홍콩의 항구 풍경을 가장 상징적으로 보여주는 존재로, 센트럴과 침사추이를 잇는 항로 위에서 홍콩의 스카이라인을 감상할 수 있다. 아쿠아루나는 실제 돛을 이용해 항해하던 옛 정크선의 형태를 따르고 있지만 안정적인 운항을 위해 엔진으로 움직인다. 2층 구조로 설계되어 실내와 야외 데크 모두 이용 가능하며, 날씨와 시간대에 따라 각기 다른 항구의 분위기를 즐길 수 있다. '심포니 오브 라이트 크루즈', '애프터눈 티 크루즈', '레이트 크루즈' 등 다양한 종류가 있으며 가장 일반적인 '데이 타임 하버 크루즈'의 경우 45분가량 소요된다. 침사추이와 센트럴 부두에서 탑승 가능하며 인당 음료 한 잔이 포함된다.

데이 타임 하버 크루즈 정보

스케줄
침사추이 13:45, 14:45, 15:45
센트럴 13:30, 14:30, 15:30

탑승 위치
침사추이 Tsim Sha Tsui Public Pier No.1
(스타페리 침사추이 선착장 인근)
센트럴 Central Pier No. 9 (IFC 몰 인근)

기타 정보
성인 HK$138, 4~11세 HK$88
공식 홈페이지 또는 현장 매표소에서 티켓 구매 가능
(https://aqualuna.com.hk/)
출발 전 선착장에서 체크인
자유 좌석제

Hong Kong Water Taxi
홍콩 워터 택시

유람선처럼 즐기는 수상 택시

빅토리아 항구를 따라 운항하는 공식 수상 교통수단이다. 침사추이, 완차이, 센트럴 등 홍콩의 핵심 지역을 물길로 연결하며 항구도시 홍콩의 일상을 가장 직관적으로 체험할 수 있는 이동 수단으로 활용된다. 정류장 간 이동은 물론, 일부 구간만 선택해 탑승할 수도 있어 짧은 항구 횡단이나 관광용 이동에도 적합하다. 선박 내부는 에어컨이 설치된 실내 좌석과 야외 데크로 구성되어 있어, 낮에는 항구 전경을, 밤에는 빅토리아 하버의 야경을 감상할 수 있다. 이동 시간 자체가 하나의 풍경 감상이 되는 것이 워터 택시의 가장 큰 특징이다. 요금은 구간별로 책정되며, 일반 대중교통과 비교해 부담이 크지 않은 수준이다. 티켓은 공식 홈페이지 또는 각 부두의 매표소에서 구매 가능하며, 일부 노선은 옥토퍼스 카드 결제도 지원한다. 공식 홈페이지www.hongkongwatertaxi.com.hk를 통해 노선별 스케줄과 금액을 확인할 수 있다.

탑승 위치
침사추이 Tsim Sha Tsui East Public Pier
완차이 Wan Chai Public Pier
센트럴 Central Pier No. 9

Star Ferry
스타 페리

시민들의 일상의 교통수단

빅토리아 항구를 횡단하는 홍콩의 대표적인 해상 교통수단이다. 1898년 운항을 시작한 이후 100년이 넘는 시간 동안 홍콩 섬과 구룡반도를 연결해왔으며 오늘날에도 일상 교통과 관광을 동시에 담당하는 상징적인 존재로 남아 있다. 스타 페리는 저렴한 요금으로 이용할 수 있는 것이 큰 특징이다. 상·하층 갑판(Upper/Lower Deck)으로 나뉘며, 상층 갑판은 전망이 더 좋은 대신 요금이 약간 높다. 결제는 옥토퍼스 카드 또는 현금으로 가능해, 홍콩의 다른 대중교통과 동일한 방식으로 이용할 수 있다. 출퇴근 시간에는 현지인 비중이 높고, 낮과 저녁 시간대에는 관광객의 이용이 늘어난다. 선박 내부는 단순하고 실용적인 구조다. 나무 벤치와 낡은 철제 난간, 비교적 낮은 천장 등이 과거 형태에서 크게 바뀌지 않은 채 유지되어 있다. 이 점이 오히려 스타 페리를 특별하게 만든다. 에어컨이 강하게 작동하는 최신 교통수단과 달리, 바람과 습기, 항구의 냄새가 그대로 느껴진다.

노선
침사추이 - 센트럴
침사추이 - 완차이

금액
성인 기준 월~금요일 HK\$5(Upper), HK\$4(Lower) / 토~일요일, 공휴일 HK\$6.5(Upper), HK\$5.6(Lower)

탑승 위치
침사추이 Tsim Sha Tsui Star Ferry Pier
센트럴 Central Star Ferry Pier
완차이 Wan Chai Ferry Pier

캐세이퍼시픽으로 만나는 홍콩

홍콩 국제공항을 허브로 운영 중인 홍콩 국적 항공사 캐세이퍼시픽. 이른 아침부터 저녁 늦은 시간까지 촘촘한 스케줄로 연결되어 출발 편 선택의 폭이 넓다는 것이 가장 큰 장점이다. 출발 편과 도착 편 모두 새벽 스케줄이 있어 이를 활용하면 홍콩에서 이동으로 버리는 시간 없이 꽉 찬 일정을 즐길 수 있다.

이코노미 클래스 '편안한 여정' 자체에 집중한 세심한 서비스가 특징으로 인천-홍콩과 같은 중·단거리 노선에서도 좌석 간 넓이 등 프리미엄 항공사다운 디테일을 유지한다. 기내식은 홍콩 스타일의 볶음 요리와 웨스턴 스타일이 있어 취향대로 선택할 수 있고, 특히 후식으로 제공되는 하겐다즈 아이스크림은 캐세이퍼시픽의 시그니처 서비스로 불릴 만큼 인기가 높다.

비즈니스 클래스

캐세이퍼시픽 비즈니스 클래스의 시그니처는 생선 가시와 같은 헤링본 구조의 배열이다. 1-2-1 배열로 모든 좌석이 복도와 직접 연결되어 옆 사람을 방해하지 않고 자유롭게 출입할 수 있으며, 좌석을 180°로 평평하게 펼 수 있는 풀 플랫 좌석이라는 점도 자랑거리. 홍콩의 유명 레스토랑과 협업한 메뉴를 선보이는데 완탕면이나 홍콩식 로스트 치킨 등 현지 느낌이 물씬 나는 요리를 고급스럽게 재해석해 제공한다.

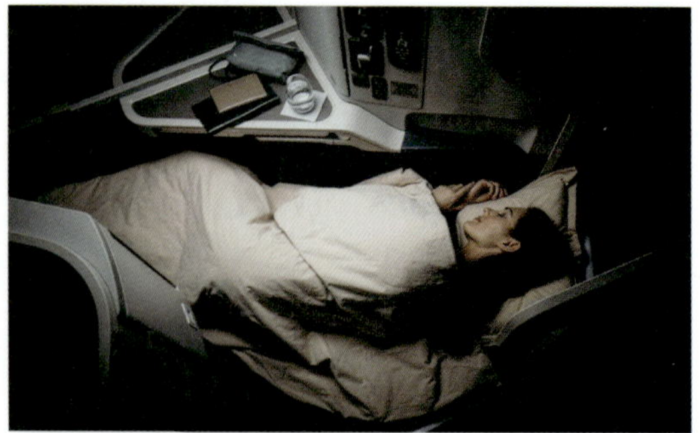

캐세이퍼시픽 라운지

캐세이퍼시픽의 공항 라운지는 홍콩이라는 도시가 지향하는 절제된 럭셔리와 세심한 환대를 집약적으로 보여주는 장소다. 홍콩 국제공항 내 세 곳이 있으며 각각 더 피어(The Pier), 더 윙(The Wing), 더 데크(The Deck)라는 네이밍을 통해 차별화된 서비스를 선보이고 있다. 영국의 디자인 스튜디오 '일세 크로포드'가 설계한 더 피어는 탄탄면, 완탕면, 딤섬을 제공하는 누들 바가 있어 공항에서도 홍콩 미식 투어를 누릴 수 있다. 활주로를 내려다보며 샴페인을 즐길 수 있는 더 윙이나 테라스를 통해 공항의 활기를 느낄 수 있는 더 데크 역시 세심한 서비스로 이용객들의 찬사를 받고 있다. 캐세이퍼시픽 비즈니스 클래스 승객과 원월드 사파이어 또는 에메랄드 회원이라면 라운지를 무료로 이용할 수 있다.

SHAM SHUI PO 深水埗
삼수이포

홍콩의 동묘

구룡반도에서 조던과 몽콕의 북적임을 지나 좀 더 깊숙이 북쪽으로 발걸음을 옮기면 삼수이포라는 작은 동네가 나온다. 번쩍이는 마천루와 쇼핑몰 대신 1960년대풍의 낡은 주택과 세월의 흔적이 묻은 간판, 그리고 골목마다 빼곡히 들어선 길거리 음식점들이 여행자를 맞이한다. 좁디좁은 골목에는 삶의 온기가 흐르고, 사람들의 웃음소리, 갓 튀겨낸 음식 냄새가 뒤섞여 홍콩의 살아 있는 오늘을 느끼게 한다.

서울로 친다면 동대문의 활기, 동묘의 빈티지함, 성수의 로컬 감각을 한데 모아놓은 듯한 풍경. 세련미보다는 진솔하고 투박한 매력이 묻어나는 동네가 바로 삼수이포다. 여행지에서 로컬 체험이 주목받는 요즘, 화려한 중심가에서 떨어져 오히려 핫 플레이스가 된 곳, 삼수이포로 떠나보자.

Kung Wo Beancurd Factory
公和荳品廠

Ⓖ MTR Sham Shui Po역 B2 출구에서 도보 1분
Ⓐ 118 Pei Ho St, Sham Shui Po, Kowloon
Ⓗ 매일 06:00–21:30
Ⓟ 두부 푸딩 HK$12~, 두부 아이스크림 HK$14

쿵워 빈커드 팩토리

두부와 관련된 각종 메뉴를 판매하는 가게로 60여 년의 역사를 자랑한다. 지금도 기계를 사용하지 않고 초창기 방법 그대로 맷돌로 콩을 갈아 만드는데, 그 맛이 워낙 뛰어나 홍콩의 젊은이들도 이 집의 두부를 맛보기 위해 먼 길을 찾아올 정도다. 두부로 만든 아이스크림, 두부 푸딩 등이 시그니처 메뉴이며 두부 푸딩은 테이블에 비치된 설탕을 뿌려 먹는 방식이다.

Hop Yik Tai
合益泰小食

Ⓖ MTR Sham Shui Po역 C2 출구에서 도보 1분
Ⓐ 121 Kweilin St, Sham Shui Po, Kowloon
Ⓗ 매일 06:30–20:00
Ⓟ 창펀 4줄 HK$10, 6줄 HK$15, 8줄 HK$20

홉익타이

홍콩에서 창펀이 맛있기로 소문난 곳으로 〈미운 우리 새끼〉에 이상민의 홍콩 밤도깨비 여행 편에 아침 식사 식당으로 소개된 바 있다. 창펀은 쌀가루를 반죽해 만든 라이스롤에 땅콩버터, 간장, 칠리소스 등을 뿌려 먹는 방식으로 특유의 쫄깃하고 부드러운 식감이 일품이다. 허름한 가게지만 창펀의 맛 하나로 〈미쉐린 가이드〉 빕 구르망에 선정되기도 했다.

Man Kee Cart Noodle
文記車仔麵

ⓒ MTR Sham Shui Po역 D2 출구에서 도보 1분
Ⓐ 121 Fuk Wing St, Sham Shui Po, Kowloon
Ⓗ 매일 11:00-04:00
Ⓟ 국수 기본 면 HK$11~, 토핑 HK$10~

만키 카트 누들

〈미쉐린 가이드〉 스트리트 푸드에 소개된 카트 누들 맛집이다. 카트 누들은 면발과 토핑, 그리고 소스까지 모두 내가 원하는 대로 구성해 먹는 방식. 따라서 나만의 메뉴가 가능한데 가장 인기 좋은 토핑은 곱창이다. 화려하진 않지만 소박한 공간에서 맛보는 따뜻한 국물과 쫄깃한 면발은 여행보다 현지인들의 일상을 체험할 수 있는 소중한 경험이 된다. 제대로 된 로컬 푸드를 경험해보고 싶다면 추천할 만한 곳이다.

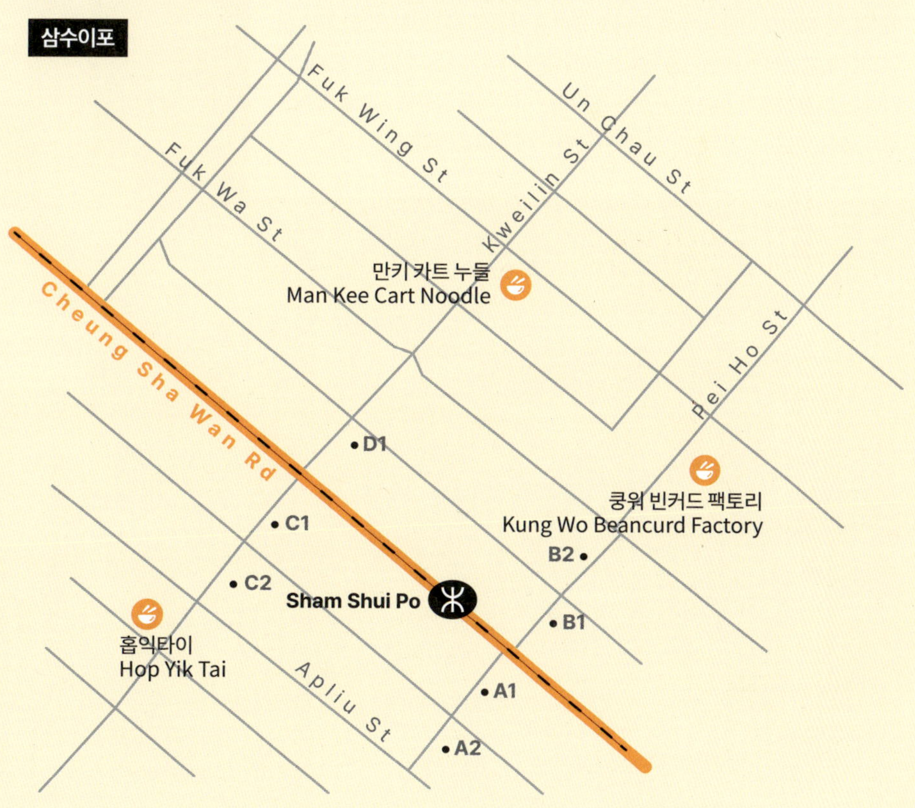

SAI YING PUN 西營盤
사이잉푼

힙스터들이 찾는 리틀 소호

홍콩 섬의 핫 플레이스는 서서히 서쪽으로 확장되어왔다. 소호와 성완이 한때 가장 주목받던 지역이었다면 이제는 그 흐름이 조금 더 서쪽으로 이동해 사이잉푼이 정점으로 떠오르고 있다. 단순히 오래된 주거지에서 변신한 동네가 아니라 오랜 세월의 흔적과 현대적 감각이 어우러진, 지금의 홍콩을 가장 잘 보여주는 무대라 할 수 있다.

가파른 언덕을 따라 들어선 퍼스트First, 세컨드Second, 서드Third 스트리트 곳곳에 트렌디한 가게들이 지나가는 여행객을 유혹한다. '리틀 소호'라 불릴 만큼 과거 소호가 지녔던 창의적인 기운이 그대로 살아 있고, 실제로 소호처럼 거리를 관통하는 긴 에스컬레이터가 설치되어 있어 도시의 풍경에 색다른 재미를 더한다. 소호가 다소 붐비고 상업적으로 변한 지금, 조금 더 여유롭고 한적한 분위기를 원하는 이들에게 사이잉푼은 훌륭한 대안이 된다. 오래된 건물과 새로운 공간이 공존하는 거리에서 홍콩의 매력을 느껴보는 경험, 바로 사이잉푼이 선사하는 특별한 여행의 장면이다.

Art Lane
아트레인

© MTR Sai Ying Pun역 B3 출구에서 도보 1분

사이잉푼의 얼굴로 통하는 벽화 거리다. 홍콩의 벽화는 낙서가 아닌 하나의 예술 작품으로 평가받는데, 사이잉푼의 아트레인 역시 세계 여러 나라의 아티스트 9명이 '소호의 예술과 음악'이라는 주제로 벽화 그리기에 참여해 2019년에 완성한 것이다. 좁은 골목 곳곳 그려진 컬러풀한 벽화를 감상하는 것만으로도 갤러리 못지않은 감동이 느껴진다. 아트레인의 벽화뿐 아니라 MTR 사이잉푼역 내부의 벽화 또한 독특한 예술 작품으로 평가받고 있다.

Ying Kee Noodle
英記麵家

ⓒ MTR Sai Ying Pun역 C 출구에서 도보 5분
Ⓐ 28 High St, Sai Ying Pun
Ⓗ 매일 09:30-19:00
Ⓟ 소고기 국수 HK$51~

잉키 누들

〈미쉐린 가이드〉 빕 구르망에 선정된 국숫집이다. 홍콩의 로컬 맛집이 으레 그렇듯 한자 메뉴판만 있을 것 같지만 최근 외국인 손님의 방문이 늘면서 영어 메뉴판도 마련했다. 이 집의 시그니처 메뉴는 소고기 국수로, 꼬들꼬들한 에그 누들 베이스에 큼지막한 소고기를 얹어준다. 소고기 국수라면 센트럴의 카우키가 가장 유명하지만 카우키보다 슴슴한 맛이라 자극적인 음식을 피하고자 한다면 오히려 이곳이 제격이다.

High Street Grill

ⓒ MTR Sai Ying Pun역 C 출구에서 도보 4분
Ⓐ 48/78, High St, Sai Ying Pun
Ⓗ 매일 10:00-24:00
Ⓟ 에그 베네딕트 HK$120, 위크데이 세트 런치 메뉴 HK$118

하이 스트리트 그릴

사이잉푼의 터줏대감으로 자리 잡은 브런치 맛집으로 오전 8시에 오픈해 아침 식사를 누리기에도 그만이다. '그릴'이라는 이름답게 스테이크 종류가 가장 유명하지만 간단히 브런치를 즐기고자 한다면 버거류나 에그 베네딕트를 추천한다. 평일 점심시간에 방문하면 좀 더 저렴한 금액의 위크데이 세트 런치 메뉴를 즐길 수 있다. 어떤 메뉴를 주문하든 맛도 좋고 무엇보다 테라스 좌석이 있어 날씨가 좋을 때면 오후의 햇살을 받으며 여유를 만끽하기 좋다.

Congteakafe
茶咖里

ⓖ MTR Sai Ying Pun역 B2 출구에서 도보 2분
ⓐ 4 David Ln, Sai Wan
ⓗ 화~일요일 08:00-17:30, 월요일 휴무
ⓟ 클래식 잉글리시 올데이 브렉퍼스트 HK$58,
　　헤이즐넛 라테 HK$28

콩티카페

모던한 카페가 떠오르는 귀여운 이름과 달리 로컬 분위기가 물씬 풍기는 차찬텡 맛집이다. 벽에 걸린 낡은 선풍기나 삐걱대는 간이 의자에서 진한 '홍콩스러움'이 묻어나 인기 카페가 되었다. 오래된 분위기와는 반대로 주문 방식은 최신식인데 테이블마다 QR코드가 있어 편리하다. 스크램블드에그, 토스트, 커피 등 모든 메뉴가 평타 이상의 맛을 보장한다. 오전 8시부터 11시 30분까지만 주문 가능한 모닝 메뉴를 이용하면 다른 시간대보다 저렴한 금액으로 푸짐한 현지인의 아침 식사를 누릴 수 있다.

Two and a
Half Street Café

ⓖ MTR Sai Ying Pun역 B2 출구에서 도보 1분
ⓐ 1 David Ln, Sai Ying Pun
ⓗ 월~금요일 06:30-18:30, 토~일요일 07:30-18:30
ⓟ 플랫 화이트 HK$40, 아보카도 토스트 HK$68

투 앤 어 하프 스트리트 카페

2023년 8월 오픈한 신규 카페로 어느새 입소문이 나 현지인은 물론 여행객 사이에서도 사이잉푼 필수 방문 카페로 떠오르고 있다. 공간은 좁지만 건물 외벽을 따라 테이블을 놓아 개방감이 느껴지며 특유의 아늑한 분위기 덕에 오래 앉아 쉬고 싶은 편안함이 감돈다. 평일에는 오전 6시 30분부터 문을 열어 아침 식사를 즐기기에도 그만이다. 고소한 맛의 플랫 화이트와 사워도우 빵으로 만든 아보카도 토스트가 인기 메뉴다.

Winstons Coffee

Ⓖ MTR Sai Ying Pun역 A1 출구에서 도보 5분
Ⓐ Shop 4, G/F Rich Court, 213 Queen's Rd W, Sai Ying Pun
Ⓗ 일~월요일 07:00-19:00, 화~토요일 07:00-22:00
Ⓟ 플랫 화이트 HK$42, 베이글 HK$40, 크루아상 HK$28

윈스턴스 커피

사이잉푼역 바로 앞 옛날식 영화관 같은 간판이 눈에 띈다. 윈스턴스 커피는 영국인 3명이 만든 호주 스타일의 카페로 낮에는 아기자기한 분위기에서 커피를, 밤에는 흥겹게 칵테일을 즐길 수 있는 곳이다. 10명 남짓 겨우 들어갈 것 같은 작은 공간이지만 직원들의 밝은 에너지와 친절한 분위기 속에서 밸런스까지 훌륭한 커피를 맛볼 수 있다. 호주식 카페답게 플랫 화이트가 가장 인기가 좋으며 커피와 함께 먹기 좋은 가벼운 스낵도 하나같이 훌륭한 맛을 자랑한다.

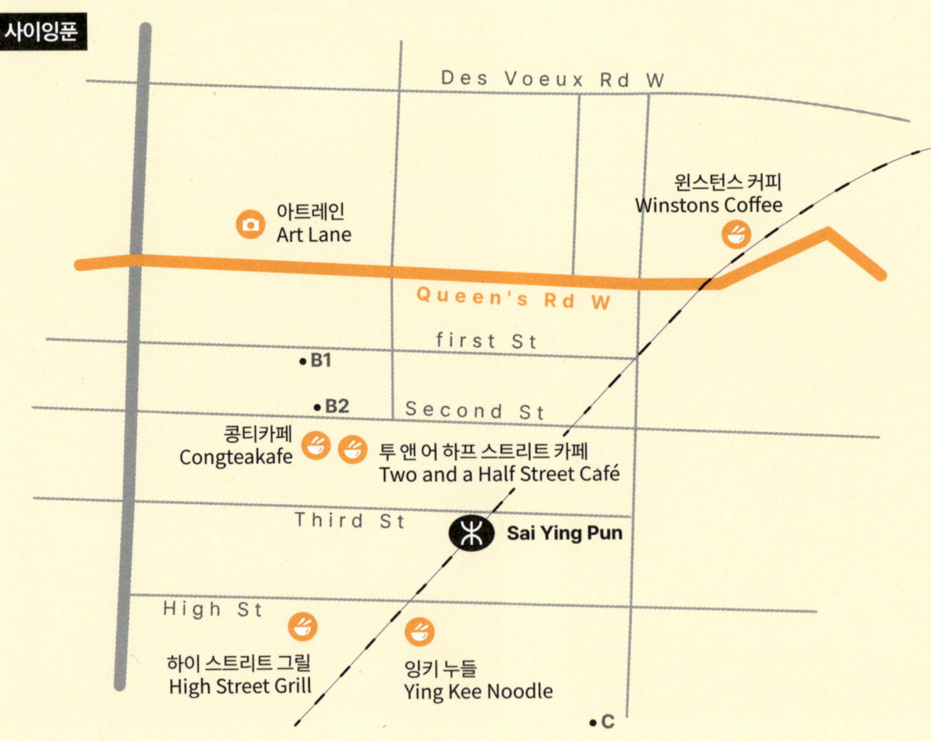

West Kowloon Cultural District 西九文化區

서구룡 문화 지구

아티스트들의 놀이터

1998년 홍콩 정부는 아시아의 문화 예술 중심지로 발돋움하기 위한 야심 찬 계획을 발표한다. 이름하여 '서구룡 문화 지구 프로젝트'. 구룡반도 서쪽에 매립지를 만들고 대규모 문화 예술 시설을 조성해 아시아 최대 규모의 문화 예술 지구를 만들겠다는 당찬 계획이었다. 서구룡 문화 지구는 축구장 56개에 해당하는 넓은 부지에 공연장, 미술관, 전시 공간, 공원 등이 모여 있으며 빅토리아 하버를 배경으로 예술과 여가를 동시에 즐길 수 있는 공간으로 설계되었다.

지난 2019년부터 베일을 벗기 시작한 서구룡 문화 지구 프로젝트는 현재도 진행 중이다. 예술과 자연, 도시의 풍경이 조화를 이루는 서구룡 문화 지구는 홍콩에서 가장 역동적인 문화 명소 중 하나다. 홍콩과 아시아를 넘어 세계에서 가장 활발한 문화 예술 지구가 될 서구룡 문화 지구를 만나보자.

M+
엠플러스

ⓒ MTR Kowloon역 B 출구에서 도보 8분
Ⓐ 38 Museum Dr, Tsim Sha Tsui
Ⓗ 화~목, 토~일요일 10:00-18:00, 금요일 10:00-22:00, 월요일 휴관
Ⓤ www.mplus.org.hk

홍콩의 서쪽 끝, 바다와 도시의 경계가 맞닿는 서구룡 문화 지구에 서면 한 덩어리의 수평적인 건축이 바다 쪽으로 길게 뻗어 있는 모습을 마주하게 된다. 그 위로 솟은 직사각형의 타워 하나. 밤이면 이 타워 전체가 거대한 LED 스크린으로 변하며 홍콩의 스카이라인 사이에서 움직이는 도시 풍경을 만들어낸다. 이곳이 바로 엠플러스, 홍콩이 수십 년 만에 세상에 내놓은 야심 찬 문화 프로젝트다.

엠플러스는 단순한 현대 미술관이 아니다. 이곳이 다루는 범위는 훨씬 넓다. 영화 포스터, 네온사인, 건축 모형, 실험 영화, 가구 디자인, 그리고 중국 현대미술의 흐름까지 이미지와 공간, 물건과 경험을 통해 '동아시아의 시각 문화가 어떻게 만들어져 왔는가'라는 거대한 질문을 던지는 곳이다. 엠플러스가 보려는 시각 문화는 미술관의 하얀 벽 안에만 갇힌 예술이 아니며 도시의 성장, 정체성, 시대적 감정까지 포괄한다. 그렇기 때문에 많은 이들이 엠플러스를 홍콩의 집단 기억을 기록하는 거대한 아카이브라 부른다.

세계적인 건축 회사인 헤르조그 & 드 뫼롱Herzog & de Meuron, TFP 패럴스TFP Farrells, 아룹Arup의 공동 설계로 탄생한 엠플러스 건물은 총면적 6만 5000㎡에 전시 공간만 1만 7000㎡에 달해 방대한 규모를 자랑한다. 그러나 33개 갤러리 대부분이 2층에 배치되어 이동하는 데 오랜 시간이 소요되지 않는다.

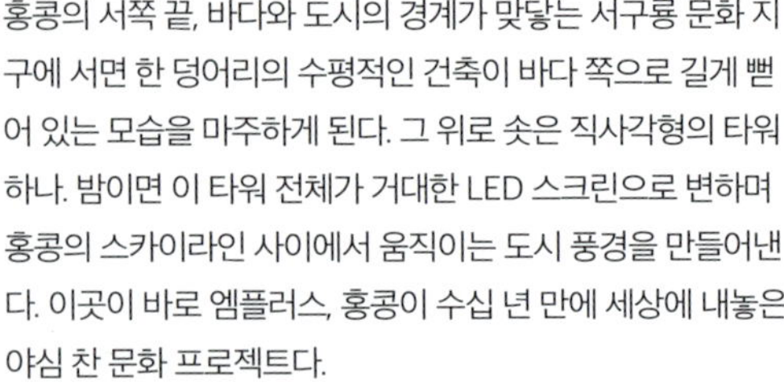

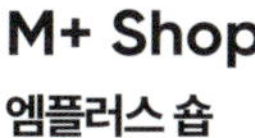

M+ Shop
엠플러스 숍

ⓒ M+ 뮤지엄 G층에 위치
Ⓐ 38 Museum Dr, Tsim Sha Tsui
Ⓗ 화~목, 토~일요일 10:00-18:00, 금요일 10:00-22:00, 월요일
　휴무
Ⓤ shop.mplus.org.hk

단순한 홍콩 기념품이 아닌 박물관의 컬렉션과 전시 및 디자인,
문화 감성을 담은 굿즈를 선보이고 있다. 취급하는 물건이 꽤나
방대한데 마그넷, 액세서리, 문구류 등의 기본 품목부터 우산,
양말, 토트백 등의 패션 품목까지 구비되어 있어 박물관 자체보
다 쇼핑에 목적을 둔 방문객도 많을 정도다. 방문 전 웹사이트
를 통해 미리 취급하는 품목과 금액 등을 확인할 수 있다. 박물
관 굿즈가 뜨는 요즘, 특별한 기념품을 찾는다면 한 번쯤 방문
하면 좋은 곳이다.

Hong Kong Palace Museum
香港故宮文化博物館
홍콩 고궁 박물관

ⓒ 침사추이 Tsim Sha Tsui BBI-Middle Rd 정류장에서 296D 버스 탑승
　후 Hong Kong Palace Museum 정류장에서 하차 후 도보 2분
Ⓐ 8 Museum Dr, West Kowloon, Tsim Sha Tsui
Ⓗ 월, 수~목요일, 일요일 10:00-18:00, 금~토요일, 공휴일 10:00-
　20:00, 화요일 휴관
Ⓟ 갤러리 1-7 일반 입장권 : 날짜 미지정 HK$90, 갤러리 1-7 & 8 특별전
　입장 권 : 날짜 미지정 HK$130, 특별전 입장 권 : 날짜 미지정 HK$180
Ⓤ www.hkpm.org.hk

서구룡 문화 지구 당국과 자금성 내의 고궁 박물원The Palace
Museum이 공동 기획한 것으로, 중국의 예술과 문화를 연구하
고 감상하는 데 주력한다. 1만 3000m² 부지에 9개 갤러리로
구성되어 있으며, 베이징 고궁 박물원에서 대여해 온 1000여
점의 귀중한 보물을 전시하고 있다. 홍콩의 유명 건축가 로코
임Rocco Yim이 설계를 담당했는데 하이라이트는 자금성에서
영감을 받은 수직 중심축이다. 각기 다른 방향을 향하고 있는
3개의 아트리움은 서로 다른 층을 수직으로 연결하고 관람객
이 위로 올라가도록 이끈다. 아트리움의 반투명한 천장은 자금
성 내부의 기와를 현대적으로 재해석한 것이다.

Xiqu Centre 戲曲中心
시취 센터

ⓒ MTR Austin역 D2 출구에서 도보 2분
Ⓐ 88 Austin Rd West, Tsim Sha Tsui
Ⓗ 매일 10:00-22:30
Ⓤ www.westk.hk/en/venue/xiqu-centre

서구룡 문화 지구 동쪽 끝에 위치한 시취 센터는 세계적 수준의 광둥 오페라 '월극'과 함께 중국의 전통 연극 '시취'를 선보이는 곳이다. 대극장도 있지만 공연 관람에 익숙하지 않은 여행객이라면 20세기 초 찻집 스타일로 디자인된 '티 하우스 극장Tea House Theatre'에서 월극의 일부를 인용한 내레이션 공연 '티 하우스 극장 체험' 관람을 추천한다. 아트리움과 레스토랑, 카페, 기념품 숍 등이 있어 공연을 보지 않아도 한 번쯤 들러볼 만하다.

West Kowloon Art Park
西九藝術公園
서구룡 아트 파크

ⓒ M+에서 도보 7분
Ⓐ West Kowloon Cultural District, Tsim Sha Tsui
Ⓗ 매일 06:00-23:00
Ⓤ www.westk.hk/en/venue/art-park

서구룡 문화 지구 방문자에게 개방된 산책로이자 녹지 공간이다. 야외 공연, 전시 및 다양한 문화 행사가 열리고 거리 공연자, 푸드 트럭, 카페 등이 들어서 여러모로 쉬어 가기 좋다. 무엇보다 선셋 관람 명소로 손꼽히는데 침사추이의 빅토리아 하버 인근이 많은 사람들로 붐비는 반면, 이곳은 사람이 많지 않아 여유롭게 앉아서 붉은색으로 저물어가는 하늘을 감상할 수 있다.

Free Space 自由空間
프리 스페이스

Ⓖ M+에서 도보 5분
Ⓐ 18 Museum Dr, Tsim Sha Tsui
Ⓗ 공연 프로그램에 따라 다름
Ⓤ www.westk.hk/en/venue/freespace

아트 파크 한가운데 위치한 공연장으로 홍콩은 물론 전 세계 다양한 아티스트들의 공연과 이벤트, 쇼케이스를 선보인다. 시취 센터가 전통 공연 위주라면 프리 스페이스는 동시대 공연 위주인 것. 홍콩 최대 규모의 박스형 공연장인 더 박스The Box에서 지금 홍콩에서 가장 유행하는 대중문화 행사를 만날 수 있다. 극장이자 바인 라우박 라이브하우스Lau Bak Livehouse에서는 수제 맥주와 칵테일 등을 판매해 가볍게 목을 축이며 공연을 관람할 수 있다.

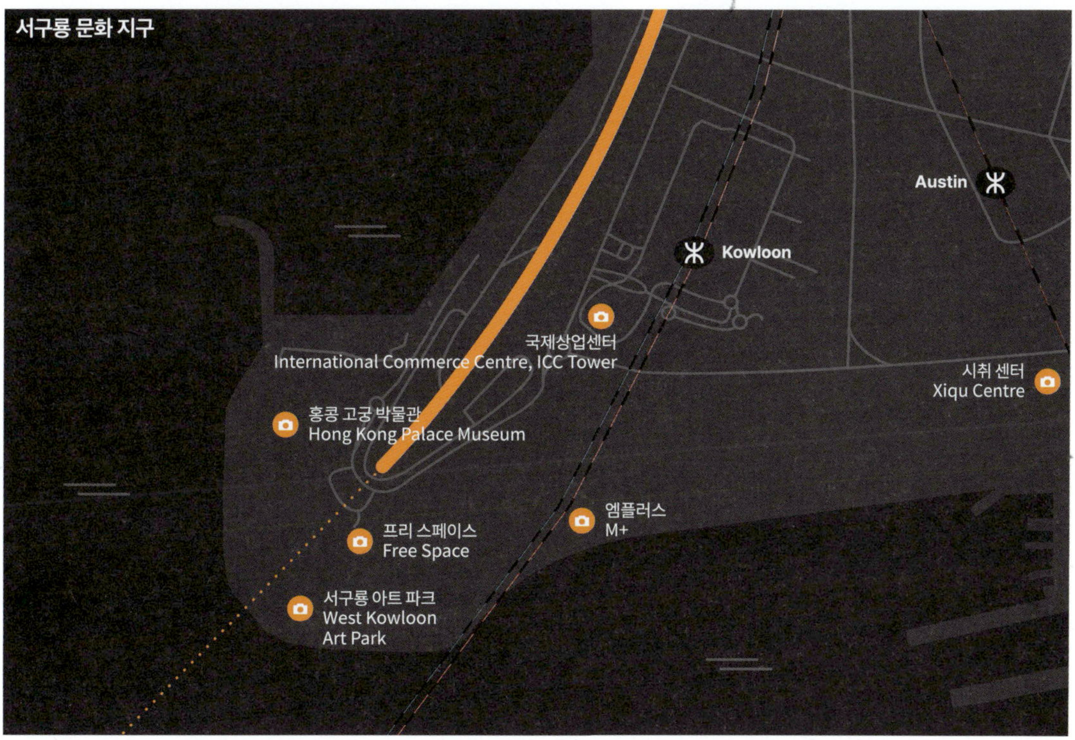

Tai Kwun / Central Market / PMQ

타이쿤 / 센트럴 마켓 / PMQ

역사가 트렌드가 되다

트렌드란 원래 탄생하고 사라지고를 반복하는 것이지만 홍콩에서의 트렌드는 과거와 연결됨을 의미한다. 오래전 사용하던 건물을 약간의 보수공사만 거친 후 거의 그대로 복원해 복합 문화 공간으로 활용하는 일이 잦아졌기 때문인데 오히려 이런 오래됨이 매력이 되어 젊은 여행객을 불러들이고 있다.

낡고 오래된 건물이 사라지지 않고 다시 살아난 이유는 홍콩이 지닌 독특한 과거와 현재를 동시에 보여주기 위한 정부의 노력 덕분. 100년이 넘은 학교와 경찰 관사가 산업 허브로 변신한 PMQ, 전통 시장의 활기를 현대적 감각으로 되살린 센트럴 마켓, 식민지 시대의 경찰 본부를 문화 예술 중심지로 탈바꿈시킨 타이쿤까지 세 공간은 각기 다른 역사를 지녔지만 공통적으로 '과거를 품은 현재의 문화 플랫폼'이라는 정체성을 공유한다. 여행자에게는 즐길 거리를 제공하고 홍콩 시민에게는 도시 재생의 의미와 자부심을 일깨워주는 곳, 역사 복원 시리즈에서 영원히 사라지지 않을 홍콩의 어제를 만나보자.

Tai Kwun 大館
타이쿤

ⓒ MTR Central역 D1 출구에서 도보 10분
Ⓐ 10 Hollywood Rd, Central
Ⓗ 매일 08:00~23:00(공연, 전시별 다름, 홈페이지 참고)
Ⓤ www.taikwun.hk/en/

홍콩의 새로운 문화 허브

광둥어로 '큰 회관'이라는 의미의 타이쿤은 영국 식민지 시절 중앙 경찰서의 별명이다. 19세기에 지어진 중앙 경찰서와 중앙 관공서, 빅토리아 교도소를 포함한 16개의 국가 기념물로 구성되었는데 지난 2018년부터 유산과 예술이 함께 공존하는 문화 허브로 그 의미를 확장했다. 콜로니얼풍 건물에서 즐기는 공연과 전시는 타이쿤만의 아이덴티티로 자리 잡았다. 베트남의 지도자 호찌민도 수감된 적이 있다는 100년 전의 감옥에 들어가는 것이나 커다란 나선형 중앙 계단을 거닐어 보는 것만으로도 새로운 홍콩 경험으로 부족함이 없다. 입장료는 무료지만 유적지인 만큼 방문자 수를 다소 꼼꼼하게 관리하는 편이라 사람이 몰리는 시간은 타이쿤 패스를 소지해야 입장이 가능하다. 타이쿤 패스는 홈페이지를 통해 사전 예약할 수 있다.

Central Market 中環街市
센트럴 마켓

ⓒ MTR Sheung Wan역 E1 출구에서 도보 7분
Ⓐ 93 Queen's Rd, Central
Ⓗ 매일 10:00-22:00(매장별 다름)
Ⓤ www.centralmarket.hk

모두를 위한 놀이터

홍콩 최초의 재래시장으로 1842년부터 명맥을 이어오다 1939년 현재의 4층 건물로 증축했다. 당시에도 무려 255개 상점이 있었다고 하니 마켓의 규모를 짐작케 한다. 그리고 지난 2021년 8월 다시 새로운 모습으로 재탄생하기에 이른다. '모두를 위한 놀이터'라는 콘셉트답게 방문하는 이들의 웃음과 활기찬 에너지가 가득하다. 엄청난 면적의 시장 안에는 로컬의 추억, 전통 그리고 현재의 홍콩 문화가 뒤섞여 있다. 다양한 카페와 레스토랑, 소품 숍들이 경계 없이 즐비해 있으며 쇼룸 형식의 브랜드 체험관도 곳곳에 들어서 홍콩의 모든 시대와 장소로 우리를 인도한다. 이 새로운 랜드마크를 걷다 보면 발걸음은 가벼울지 몰라도 두 손은 자연스레 무거워진다.

PMQ 元創方
피엠큐

ⓒ MTR Sheung Wan역 E2 출구에서 도보 5분
Ⓐ PMQ - Staunton, Staunton St, Central
Ⓗ 스튜디오 및 상점 매일 12:00-19:00, 카페 및 레스토랑 매일
　09:00-23:00(매장별 다름)
Ⓤ www.pmq.org.hk

신진 아티스트들의 꿈의 공간

조용한 주택가 속 얼핏 관공소 같은 이곳은 1889년 세워
진 홍콩 최초의 공립학교 '센트럴 스쿨'의 건물이다. 이후
1950년대에 홍콩 기혼 경찰 가족의 숙소를 거쳐 현재는 홍
콩의 신진 아티스트들이 직접 제작한 물건을 판매하는 일
종의 공방 집합소가 되었다. 레스토랑부터 베이커리, 패션,
라이프스타일 상품까지 홍콩의 현지 예술 커뮤니티에 흠뻑
빠져보자. 수많은 디자인 스튜디오와 워크숍은 다채로운
매력을 선보이면서 홍콩 창작의 중심지로 발전했다. 유명
브랜드는 아니지만 신진 아티스트들의 재기 발랄한 제품을
보노라면 어느새 지갑을 열게 된다. 커다란 나무 그늘이 드
리운 이곳에서는 내딛는 발걸음마다 새로운 홍콩의 추억에
꽃을 피울 것이다.

거대한 청동 좌불상을 만나는 곳

빽빽한 건물 숲이 전부일 것 같은 홍콩에도 푸른 자연경관을 간직한 섬이 여럿 있다. 홍콩의 섬 중 가장 규모가 큰 란타우 섬은 국제공항이 있어 홍콩의 관문이라는 점에서 여행자라면 누구나 한 번은 만나게 되는 곳이다.

옹핑은 란타우 섬 산자락에 자리한 작은 마을로, 전통과 자연, 종교가 어우러진 특별한 여행지다. 가장 상징적인 장소는 포우린 사원과 천단대불로 이곳에서 바라보는 전경은 장엄하면서도 경건한 분위기를 자아낸다. 사원과 불상 주변은 향 냄새와 종소리로 가득해 단순한 관광이 아닌 치유와 명상의 공간으로 느껴진다. 맑은 날에는 바다 건너 마카오와 주변 섬까지 시야가 트이며, 해 질 무렵의 풍경은 한층 더 신비롭다. 옹핑은 현대적인 홍콩의 번화한 이미지와 정반대의 고요하고 영적인 매력을 간직한 장소다.

Ngong Ping 360 昂坪 360
옹핑 360 케이블카

통총에서 옹핑 마을로 들어갈 때 필요한 교통수단이다. 버스를 타고 들어갈 수도 있지만 마을을 둘러보는 것보다 케이블카 자체가 워낙 명물이라 대부분의 여행객이 케이블카를 이용한다. 총 길이 5.7km로 이동 시간만 25분에 달하는데, 이동하는 내내 파노라믹 뷰로 펼쳐지는 남중국해의 풍광이 탄성을 자아내게 한다. 날씨가 좋을 때면 저 멀리 마카오까지 보이지만 흐리거나 비가 오는 날에는 온통 구름에 가려 앞이 보이지 않으니 날씨가 좋은 날로 선택해야 한다. 온라인으로 사전에 티켓을 구입하면 예약자 줄에 설 수 있어 기다리는 시간을 줄일 수 있다는 점, 청동 좌불상이 있는 포우린 사원의 천단대불은 오후 5시 30분까지만 볼 수 있기 때문에 돌아오는 시간까지 감안해 이른 시간에 방문해야 한다는 점을 기억하자.

Ⓒ MTR Tung Chung역 B 출구에서 케이블카 승강장까지 도보 2분
Ⓐ Ngong Ping 360 Cable Car, Lantau Island
Ⓗ 매일 10:00-18:00
Ⓟ 스탠더드 캐빈 싱글 HK$195, 왕복 HK$270, 크리스털 캐빈 싱글 HK$235, 왕복 HK$350
Ⓤ webstore.np360.com.hk

Ngong Ping Village 昂坪
옹핑 마을

ⓒ 옹핑 360 케이블카 하차 후 도보 1분
Ⓐ 111 Ngong Ping Rd, Lantau Island

옹핑 360 케이블카 승강장에서 100m가량 이어진 작은 마을
이다. 좁은 공간에 식당과 스타벅스, 기념품점이 오밀조밀하게
모여 있어 점심을 놓쳤다면 이곳에서 해결하면 된다. 불교를
테마로 한 마을답게 마을을 통과해 포우린 사원까지 가는 길에
연꽃과 부처님의 호위무사 등 불교를 상징하는 다양한 상징물
이 있어 주의 깊게 둘러볼 만하다.

Po Lin Monastery 寶蓮禪寺
포우린 사원

ⓒ 옹핑 마을에서 도보 5분
Ⓐ Po Lin Monastery, Ngong Ping, Lantau Island
Ⓗ 포우린 사원 매일 09:00-18:00, 천단대불 10:00-17:30

홍콩 최대 규모의 불교 사원으로 1906년 건설을 시작해 1924
년 완성했다. 무엇보다 청동 좌불상인 천단대불로 유명한데,
1993년 완성된 천단대불은 높이 26m, 무게 202톤으로 세계
최대 규모를 자랑한다. 천단대불로 가기 위해서는 262개 계단
을 올라야 하는데 경사가 가팔라 생각보다 힘들기 때문에 마음
을 단단히 먹어야 한다. 천단대불 내부는 작은 전시관으로 불
교 관련 기념품을 전시 및 판매한다. 계단을 오르기 전 오른쪽
을 보면 사찰 음식 식권 판매소가 있다. 이곳에서 식권을 구입
한 후 사원 옆의 '델리 베지테리언 키친'에 가면 담백한 사찰 음
식을 맛볼 수 있으니 관심이 있다면 기억하자.

Wisdom Path 心經簡林
지혜의 길

◎ 천단대불에서 내려와 숲길을 따라 1km가량 직진

천단대불을 등지고 오른쪽으로 조금만 가면 호젓한 숲길
이 나온다. 이 길을 따라 1km 정도 걸어가면 거대한 나무
기둥 38개가 행운의 상징인 8자를 그리며 1m 간격으로
솟아 있는 게 보인다. 나무 기둥에는 삼장법사 현장 스님
의 말씀이 담긴 〈반야심경〉이 적혀 있다. 지혜의 길이라
는 거창한 이름과 달리 나무 기둥 외 별다른 볼거리는 없
다. 그러나 조용한 숲길을 걸으며 맑은 공기를 마시는 것
만으로도 기대 이상의 재미를 선사한다.

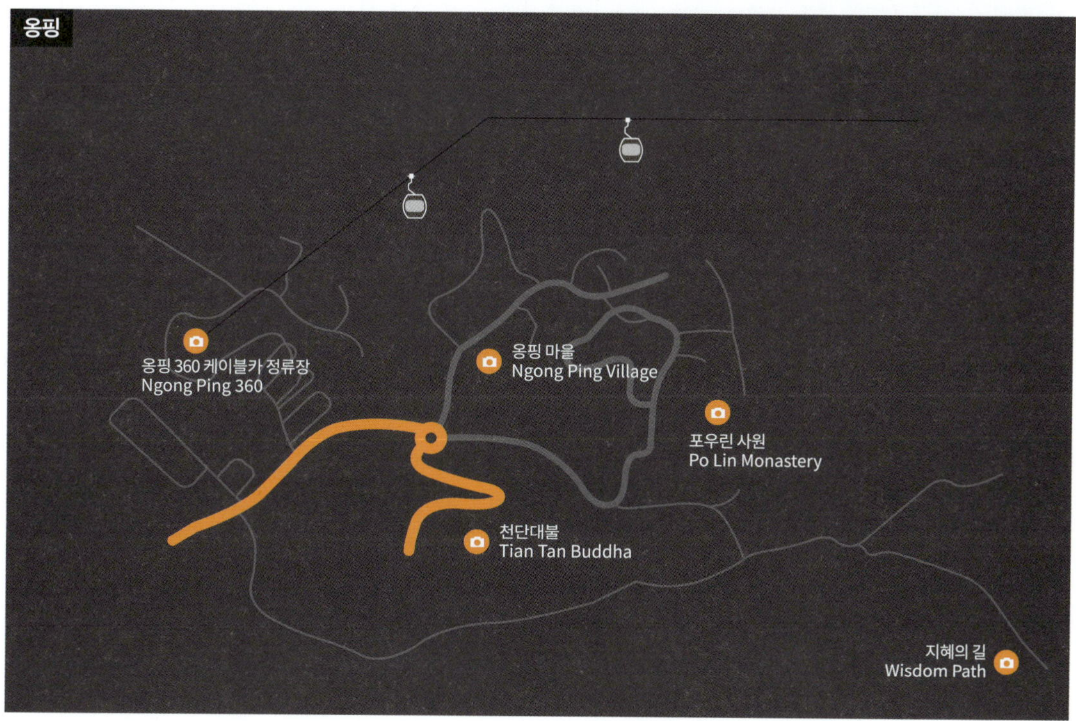

Hong Kong Disney Land

香港迪士尼樂園

홍콩 디즈니랜드

©Hong Kong Disneyland Resort

가족여행 필수 코스

디즈니랜드를 꿈꿔보지 않은 사람이 있을까? 전 세계 수없이 생겨나고 있는 그 어떤 테마파크보다 설레는 이름 디즈니랜드. 영원히 어른이 되지 않는 네버랜드의 피터팬 처럼 이곳에서만큼은 체면은 잠시 내려놓고 동심으로 돌아가 마음껏 뛰어놀고 싶어 진다.

지난 2005년 아시아에서는 도쿄에 이어 두 번 째로 문을 연 홍콩 디즈니랜드는 전 세계 디즈니랜드 중 가장 작은 규모지만 그럼에도 모두 돌아보려면 꼬박 하루는 잡아 야 할 만큼 볼거리, 놀거리가 넘쳐난다. 메인 스트리트 USA에서는 화려한 퍼레이드 가 열리고 곳곳의 어트랙션은 디즈니와 픽사, 마블, 스타워즈 속 세상을 생생하게 보 여준다. 이 작은 왕국은 총 9개의 테마 섹션으로 나뉘어 있으며, 각각이 저마다의 스 토리와 분위기를 품고 있어 발걸음이 닿는 곳마다 새로운 세계가 열린다. 낮에는 활 기와 즐거움이 가득하고, 밤에는 불꽃놀이와 함께 진짜 마법 같은 순간이 펼쳐진다.

ⓒ MTR Sunny Bay역에서 디즈니랜드 전용 열차 환승 후 Disneyland Resort역 하차
Ⓐ Disneyland, Lantau Island
Ⓗ 10:00-20:30(시즌별 마감 시간 변경, 홈페 이지 참고)
Ⓟ 1일권 성인 HK$669, 3~11세, 60세 이상 HK$499
Ⓤ www.hongkongdisneyland.com

홍콩 디즈니랜드 방문 전 알아야 할 팁

1

입장권은 사전에 준비

홍콩 디즈니랜드는 언제나 많은 사람들로 붐빈다. 방문 전 온라인 여행사를 통해 티켓을 구입할 수 있으니 가능하면 미리 준비하자.

2

패스트 패스 활용

매일 평균 3만 5000명이 방문하는 디즈니랜드는 어트랙션 탑승 때마다 긴 줄을 서야 한다. 이럴 때 필요한 것이 패스트 패스 제도. 해당 탈거리 앞에 있는 패스트 패스 발권기에 디즈니랜드 입장권을 넣으면 시간 예약이 자동으로 된다. 긴 줄을 설 필요 없이 다른 곳에서 놀다가 시간 맞춰 가면 끝. 그러나 모든 어트랙션에 적용되는 건 아니라는 점 참고하자.

3

패스트 패스 : 프리미어 액세스 티켓

아예 대기를 하지 않고 바로 입장을 원한다면 '패스트 패스: 프리미어 액세스' 티켓을 따로 구입하면 된다. 본 티켓은 입장권 포함 여부와 나이에 따라 다양하게 판매되니 마이리얼트립, 클룩, 와그 등의 판매 사이트를 확인하자.

패스트 패스 : 프리미어 액세스 3 ⇨ 5개 어트랙션 중 3개 어트랙션 우선 입장	패스트 패스 : 프리미어 액세스 8 ⇨ 8개 어트랙션 우선 입장
- 빅 그리즐리 마운틴 '런어웨이 광산 열차' - 앤트맨과 와스프 : 나노 배틀 - 미스틱 매너 - 아이언맨 체험 - 잇츠 어 스몰 월드	- 프로즌 에버 애프터 - 빅 그리즐리 마운틴 '런어웨이 광산 열차' - 앤트맨과 와스프 : 나노 배틀 - 미스틱 매너 - 아이언맨 체험 - 잇츠 어 스몰 월드 - 하이퍼 스페이스 마운틴 - 미키의 필하매직

4

음식물 반입 금지

음식물은 반입 금지라는 점 기억하자. 식사는 파크 내 레스토랑을 이용해야 한다.

©Hong Kong Disneyland Resort

5

무료 뮤지컬 공연 놓치지 않기

〈페스티벌 오브 더 라이언킹〉, 〈미키와 신비한 책〉 등 곳곳의 작은 공연장에서 펼쳐지는 뮤지컬 공연이 꽤나 훌륭하다. 게다가 무료다. 따라서 모든 어트랙션을 섭렵하기보다 원하는 어트랙션만 알맞게 선택한 후 시간을 내서 무료 공연을 관람하자. 기대 이상의 퀄리티에 놀라게 될 것이다.

6

퍼레이드와 불꽃놀이

디즈니랜드의 상징과도 같은 퍼레이드와 불꽃놀이! 그중 퍼레이드는 매일 오후 1시 45분, 5시 30분 두 차례 진행되며 불꽃놀이는 오후 8시 30분에 한 차례 진행된다. 시작 1시간 전부터 좋은 자리를 잡기 위한 쟁탈전이 벌어진다는 점 기억하자. 시간은 시즌에 따라 변동될 수 있으니 방문 전 홍콩 디즈니랜드 앱을 다운받아 확인하는 편이 좋다. 홍콩 디즈니랜드 앱은 한글 서비스를 제공한다.

홍콩 디즈니랜드 구역 별 정보

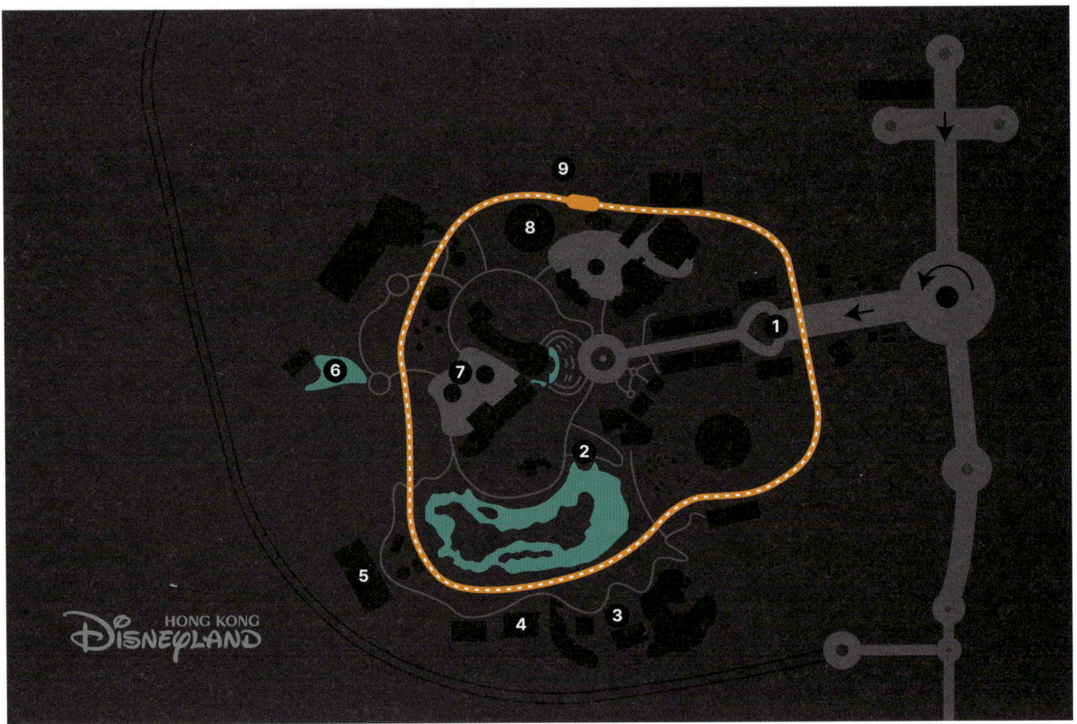

❶ 메인 스트리트 USA Main Street USA

1900년대 초 미국의 거리를 재현한 곳으로 퍼레이드가 펼쳐지는 길이다. 상점가와 레스토랑, 카페가 자리한다.

❷ 어드벤처 랜드 Adventure Land

유람선을 타고 정글을 탐험하는 정글 리버 크루즈와 뗏목을 이용하는 타잔 트리 하우스가 있다.

❸ 그리즐리 걸치 Grizzly Gulch

롤러코스터 '빅 그리즐리 마운틴 런 어웨이 광산 열차'가 있는 곳. 탄광 열차가 곰의 습격을 받아 모험을 시작한다.

❹ 미스틱 포인트 Mystic Point

예술품 수집가인 헨리 미스틱 경 Lord Henry Mystic의 미스터리한 이야기가 펼쳐지는 곳이다.

❺ 토이 스토리 랜드 Toy Story Land

〈토이 스토리〉를 콘셉트로 꾸며진 곳이다. 스릴 만점의 탈거리는 없지만 아기자기한 볼거리가 인상적이다.

❻ 월드 오브 프로즌 World of Frozen

〈겨울왕국〉 테마 공간으로 시리즈의 명곡들을 들으며 배를 타고 영화 속 무대로 들어간다.

❼ 판타지 랜드 Fantasy Land

탈것은 없지만 〈잠자는 숲 속의 공주〉에 나오는 성을 배경으로 사진을 찍기 위해 많은 사람들이 몰린다.

❽ 투모로우 랜드 Tomorrow Land

〈스타워즈〉 시리즈의 한 장면을 재현한 스릴 만점의 실내 롤러 코스터 '하이퍼 스페이스 마운틴' 등이 있다.

❾ 스타크 엑스포 홍콩 Stark Expo Hong Kong

마블 테마로 꾸며진 공간. 토니 스타크가 홍콩을 스타트 인더스트리의 아시아 본부로 선택하면서 이야기가 시작된다.

Wine & Dine Festival
와인 & 다인 페스티벌

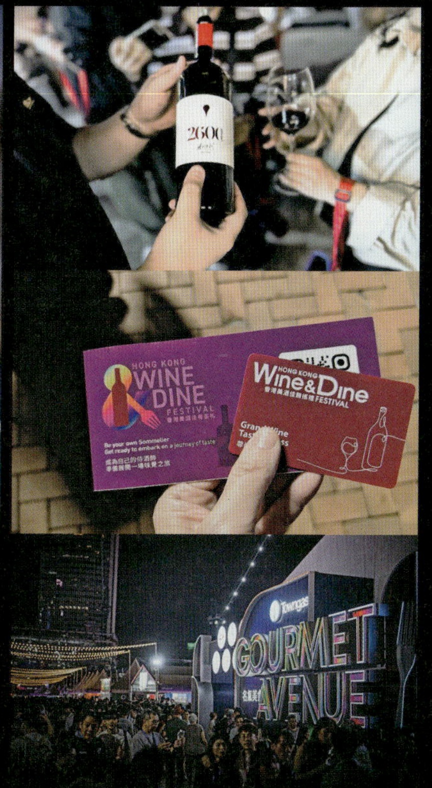

ⓖ MTR Central역 L 출구에서 도보 7분
Ⓐ 홍콩 섬 해변공원 Central Harbourfront Event
  Space
Ⓓ 매년 10월 중순

깊어가는 가을밤 향긋한 와인 향에 취하다

깊어가는 가을밤, 홍콩 관광청이 주최하는 와인 & 다인 페스티벌은 세계 각지의 와인과 요리를 한자리에서 만나는 초대형 미식 이벤트다. 매년 10월 중순 열리는 이 행사에는 유럽, 오세아니아, 아시아 등 다양한 지역의 와인이 출품되고 저알코올, 내추럴 와인도 소개된다. 설치되는 부스만 300개 이상. 음식과 와인을 자유롭게 즐길 수 있는데 〈미쉐린 가이드〉 스타급 레스토랑, 칵테일 마스터 클래스도 포함된다. 홍콩의 파인 다이닝을 비교적 저렴한 금액으로 누릴 수 있다는 점에서 미식 투어를 꿈꾸는 여행객이라면 눈여겨볼 만하다.

빅토리아 하버의 스카이라인을 배경으로 야외에서 펼쳐지는 행사는 낮부터 밤까지 그 분위기가 이어진다. 입장료와 함께 토큰을 구입해 시식을 할 때마다 토큰을 이용하는 방식으로 인기 부스는 대기 시간이 생길 수 있어 사전에 방문하고자 하는 부스를 미리 체크해 가는 편이 좋다. 와인뿐 아니라 사케 같은 일본 술과 크래프트 비어, 위스키 등 다양한 술이 소개되기 때문에 평소 애주가를 자처한다면 놓치기 아까운 행사다.

축제 공식 입장권과 함께 테이스팅 토큰이 포함된 패스를 온라인으로 미리 구입할 수 있으며 판매처 웹사이트 주소는 매해 달라진다. 기본 패스를 구입한 후 현장에서 토큰을 추가로 구매할 수도 있다.

Dragon's Back
드래곤스 백 트레킹

홍콩의 올레길

거대한 도시가 전부일 것 같은 홍콩은 사실 국토의 80% 이상이 산과 언덕으로 이루어져 트레킹 코스도 자연스럽게 발달한 곳이다. 그중 가장 유명하고 도심에서 쉽게 접근할 수 있는 곳이 드래곤스 백Dragon's Back 코스다. 홍콩 섬의 등줄기를 따라 이어지는 이 코스는 용의 척추를 닮은 능선을 따라 걷는 듯한 느낌을 주며, 푸른 숲과 바다가 어우러져 탁 트인 전망을 선사한다.

지난 2004년 〈타임〉지가 아시아 최고의 트레킹 코스로 선정한 이후 전 세계 여행자들에게 널리 알려졌으며 현지인 또한 즐겨 찾는 명소로 자리 잡았다. 총 길이는 약 8.5km로 다른 산행 코스에 비해 난도가 높지 않아 초보자도 부담 없이 도전해볼 만하다.

Ⓓ **총 길이** 8.5km / **시간** 약 3시간 / **난도** 중간
Ⓖ MTR Shau Kei Wan역 A3 출구로 나와 버스 터미널에서 9번 버스 탑승 후 11번째 정류장 To Tei Wan 하차. Dragon's Back이라 적힌 표지판을 따라 트레킹 시작. 3정류장 전인 Cape Collinson Road에서 하차해도 되는데 이 경우 전체 트레킹 코스가 30분 정도 줄어든다.

Point 1

Shek O Peninsula Viewing Point
섹 오 반도 조망 포인트

섹 오 로드Shek O Rd에서 출발해 트레일 코스를 따라 올라가다 보면 하늘이 점점 가까워진다. 20분 정도 올라가면 발밑으로 파도가 출렁거리는 섹 오 비치Shek O Beach가 내려다보인다.

Point 2

Shek O Peak
섹 오 피크

해발 284m 높이의 나지막한 산 정상으로 사방에서 반도의 해안선이 완벽하게 보인다. 구불구불한 등산로를 보고 있자면 왜 드래곤스 백이라는 이름이 붙었는지 실감이 된다.

포틴저 갭
Pottinger Gap

O End Point
빅 웨이브 베이
Big Wave Bay

섹 오 피크
Shek O Peak

섹 오 반도 조망 포인트
Shek O Peninsula
Viewing Point

Start Point O

TIP 드래곤스 백 트레킹 주의 사항!

❶ 코스에 그늘이 거의 없으니 모자와 선글라스, 자외선 차단 용품을 반드시 챙기자.

❷ 코스 중간에 스낵을 살 만한 곳이 없으니 물이나 간식은 미리 준비하자.

❸ 가벼운 코스라 해도 엄연히 산행길이다. 슬리퍼나 구두로는 불가능하니 등산화까지는 아니더라도 운동화를 신어야 한다는 점 기억하자.

Point 4

Big Wave Bay
빅 웨이브 베이

정자를 지나면 돌과 흙먼지로 고르지 못한 급경사 내리막길이 시작된다. 다소 미끄러울 수 있으니 조심하는 편이 좋다. 등산로에서 벗어나 집들이 들어선 마을을 지나면 빅 웨이브 비치가 나온다. 푸른 하늘과 햇살, 부서지는 하얀 파도가 맞이해줄 것이다.

Point 3

Dragon's Back & Pottinger Gap
드래곤스 백 & 포틴저 갭

섹 오 반도 서쪽에 아름답게 펼쳐진 타이탐 베이Tai Tam Bay를 구경하자. 맑은 날이면 홍콩 섬 남서쪽에 있는 라마 섬Lamma Island까지 한눈에 들어온다. 능선을 넘으면 포틴저 갭이 나오는데 녹음이 가득한 숲 건너편 차이완Chai Wan 지역의 마천루들이 보인다.

HKJC
Sha Tin Racecourse
HKJC 샤틴 경마장

홍콩 여행의 이색 체험

미식과 쇼핑, 트레킹까지 홍콩 여행의 백미를 모두 누렸다면, 그래서 또 다른 볼거리를 찾는다면 경마장 방문이 대안이 될 수 있다. 1978년 개장한 샤틴 경마장은 홍콩 자키 클럽Hong Kong Jockey Club이 운영하는 세계적인 수준의 경마 시설이다. 최대 8만 5000명을 수용할 수 있는 규모로 홍콩 더비Hong Kong Derby, 퀸 엘리자베스 2세 컵Queen Elizabeth II Cup, 챔피언스 마일Champions Mile 등 국제 그룹 1 레이스가 펼쳐지는 아시아 경마의 중심지이기도 하다.

샤틴 경마장은 단순히 경주장이 아니라 홍콩의 레저, 엔터테인먼트, 관광이 어우러진 공간이기 때문에 경주가 아닌 현장 분위기를 경험하고자 하는 여행객에게도 추천하는 방문지다. 테마파크 같은 체험장은 물론 여행자 존Tourist Zone과 레스토랑 등 놀거리, 볼거리가 촘촘히 들어서 경마에 익숙하지 않은 여행객이라 해도 부담 없이 즐기기 좋다.

잔디 위를 가르며 내달리는 말발굽 소리, 기수의 몸짓 하나에 쏠린 수천 명의 시선, 그리고 모든 긴장감이 한순간 폭발하는 함성. 샤틴 경마장은 단순한 스포츠 경기장이 아니라 홍콩의 도시 에너지를 가장 생생하게 느낄 수 있는 무대다.

Ⓖ MTR Fo Tan역 C 출구에서 도보 20분
Ⓐ 6001 Tai Po Rd, Sha Tin, New Territories
Ⓟ **F&B and Guided Tour Package**
HK$220 — 입장권, HK$50상당 F&B 바우처, 경마장 가이드 투어, 레이싱 관람, 미니 말 인형 등 제공
Genso and Guided Tour Package
HK$500 — 입장권, 겐소Genso(경마와 테크놀로지, 라이프스타일 요소를 결합한 체험 공간) 손목밴드, Fudo Town F&B 체험, 겐소 가이드 투어 & 체험존, 레이싱 관람

Luxury Hotel Stays
럭셔리 호텔에서의 1박 2일

홍콩을 여행하는 방식은 다양하다. 그러나 도시의 핵심을 가장 밀도 있게 체감하는 방법은 바로 럭셔리 호텔에 머무는 일이다. 스카이라인과 빅토리아 하버가 한눈에 들어오는 객실, 정제된 서비스, 미식과 휴식을 모두 갖춘 시설은 여행의 속도를 바꿔놓는다. 이번 체험기에서는 도심 랜드마크 호텔에서의 1박 2일을 다룬다. 객실에서의 여유로운 오전, 도시 전경을 조망하는 수영장과 피트니스 시설, 미쉐린 레스토랑에서의 저녁 식사와 바에서의 한 잔까지. 공간과 서비스가 어떻게 여행 경험을 확장시키는지 살펴본다. 도시가 빠르게 움직이는 동안, 호텔 안에 머무는 단 하루가 어떤 가치를 만들어내는지 그 시간을 기록한다.

샬레트래블이 선사하는 럭셔리 호텔 예약 특전

전 세계 2% 럭셔리 여행 멤버십 VIRTUOSO의 인증 여행사, 세계 최대 호텔 체인 메리어트 그룹이 선택한 최고의 여행사만이 가입할 수 있는 스타즈 & 루미너스 등 주요 럭셔리 호텔들의 최상위 파트너인 샬레트래블을 통해 예약하실 경우 모든 고객님께 아래 혜택을 드립니다.

· 예약 기본 혜택 ·

1. 매일 성인 2인 조식 제공
2. 호텔 식음료 크레디트 100 USD 상당 제공
3. 룸 업그레이드 우선 권한
4. 얼리 체크인 & 레이트 체크아웃 우선 권한
5. 글로벌 호텔 체인 멤버십 포인트 적립
* 호텔별 추가 혜택 및 1박 무료 등의 특별 프로모션 별도 공지

· 주요 호텔 | 더 페닌슐라 홍콩, 만다린 오리엔탈 홍콩, 리젠트 홍콩 등 ·

The Peninsula Hong Kong

더 페닌슐라 홍콩

세계 어느 도시든 그 도시를 대표하는 '얼굴' 같은 호텔이 있다. 파리의 리츠, 뉴욕의 플라자처럼 말이다. 홍콩에서 그 주인공은 바로 더 페닌슐라 홍콩이다. 바그다드 출신 유대계 카도리Kadoorie 가문 형제가 '수에즈 운하 동쪽 최고의 호텔'을 목표로 1928년 12월 11일 문을 연 이곳은 단순한 숙소가 아니라 하나의 '경험'으로 대접받고 있다.

흥미로운 건 호텔의 첫 손님이 홍콩의 상류층이 아닌 영국군이었다는 사실. 중국 내전으로 1927년 상하이를 보호하기 위해 파견된 콜드스트림 근위대가 미완성 호텔에 주둔했었다. 군인들이 떠난 후에야 비로소 진짜 호텔의 역사가 시작된 것이다.

침사추이 중심부, 녹색 롤스로이스가 당신을 맞이한다. 1970년 롤스로이스 역사상 최대 규모의 주문으로 시작된 전통은 지금도 14대의 시그니처 차량으로 이어진다. 그리고 이 호텔을 특별하게 만드는 또 하나의 서비스 '페닌슐라 타임'. 도착 당일 오전 6시부터 체크인, 출발일 오후 10시까지 체크아웃이 가능한 제도다. 이른 도착이나 늦은 출국에도 여유롭고 품위 있는 시간을 선사한다.

전쟁과 평화, 영광과 비극을 모두 지나온 장소. 홍콩 100년의 시간을 담은 호텔. 그래서 더 페닌슐라 홍콩은 단순한 럭셔리가 아니라 살아 있는 역사다.

DAY 1

14:00 | **더 로비 애프터눈 티**
The Lobby

전 세계에서 가장 유명한 애프터눈 티 중 하나. 호텔 로비의 우아한 분위기 속에서 현악 4중주단의 라이브 연주를 들으며 특별한 시간을 누릴 수 있다.

15:00 | **체크인과 룸 안내**

클래식한 유럽풍 인테리어와 현대적인 편의 시설이 완벽하게 조화를 이룬 객실 내부.

16:00

더 그란데 데임 투어
The Grande Dame Journey

1928년 개장한 호텔의 역사와 유산을 탐방하는 투어로
'The Grande Dame(극동의 대부인)'이라는 애칭으로 불
린다. 오래된 것을 낡은 것으로 취급하기보다 간직하고
보여주려는 노력, 현재의 일부로 남아 있게 하려는 노
력, 이런 노력 덕에 지금의 호텔 명성이 생겨난 것이다.

18:00

수영장 이용

호텔 8층에 위치한 실내
수영장. 수영장 내부는
그리스 신전 분위기의
인테리어로 우아하고 화
려한 조각 장식과 기둥
이 특징이다.

20:00 | 스프링 문 저녁 식사
Spring Moon

1986년 오픈 이후 클래식하면서도 정제된 광둥 요리를 선보여온 곳으로 〈미쉐린 가이드〉에서 1스타 등급을 유지하고 있다. 세계적인 스타 양조위의 단골집으로 알려져 있다. 그가 앉았던 자리에 착석!

DAY 2

08:00

더 베란다 조식
The Verandah

비교할 수 없이 아름다운 홍콩의 아침. 화려하게 펼쳐지는 더 베란다의 조식 뷔페 즐기기. 요리의 가짓수가 많기보다 엄선된 메뉴가 정성스럽게 준비된 품격의 아침 식사.

10:00

더 페닌슐라 스파 & 웰니스
The Peninsula Spa & Wellness

여행으로 노곤해진 몸과 마음을 달래기 위한 스파 타임. 더 페닌슐라 홍콩의 스파는 빅토리아 하버의 전경이 함께해 더욱 특별하다.

12:00 | 체크아웃

Mandarin Oriental Hong Kong

만다린 오리엔탈 홍콩

센트럴의 빌딩 숲 사이, 반세기 이상의 시간을 단정하게 품은 건물이 있다. 1963년 문을 연 만다린 오리엔탈 홍콩. 만다린 오리엔탈 브랜드의 시초가 된 호텔 중 하나다. 오픈 당시만 해도 이곳은 홍콩에서 가장 높은 건물이었다. 지금은 초고층 건물이 사방을 둘러싸고 있지만 높이가 경쟁의 기준이던 시대에 이 호텔은 이미 다른 것을 알고 있었다. 높이보다 중요한 건 품격과 디테일이라는 것.

철저한 영국식 서비스와 동양의 섬세한 감성이 만난 이곳은 곧 홍콩 정재계와 국제 비즈니스맨들의 비밀스러운 거실이 되었고 세계 지도자, 왕족, 예술가들이 아무렇지 않게 로비를 스쳐 지나가는 장면이 일상이 되었다. 그중에 한 명이 바로 불멸의 스타 장국영이다. 만다린 오리엔탈 홍콩은 그가 생애 마지막 순간을 보낸 곳으로 화려함 뒤에 홍콩의 가장 애틋한 시간을 품고 있는 호텔이기도 하다.

세월이 흘러 도시의 풍경은 변했지만 호텔이 품어온 우아함은 바래지 않았다. 지금도 문을 열면 반짝이는 황동 디테일과 꽃향기가 말해준다. 이곳은 과거가 아니라 현재의 럭셔리라고.

DAY 1

15:00 | **체크인과 룸 안내**

하늘을 찌를 듯한 빌딩 숲 사이에 위치한 만다린 오
리엔탈 홍콩. 국제적인 도시 한가운데 와 있음이 실감
나는 도시 전망의 객실 이용.

16:00 | 클럽 라운지 더 만다린 클럽
The Mandarin Club

호텔 23층에 위치한 더 만다린 클럽은 조식과 애프터눈 티는 물론 하루 종일 가벼운 스낵과 저녁에는 샴페인, 와인까지 즐길 수 있는 곳이다. 센트럴의 화려한 전망 속에서 편안히 앉아 휴식을 취하기 좋은 공간이다.

19:00 | 디 오브리 저녁 식사 겸 가벼운 술 한 잔 즐기기
The Aubrey

일본 정통 이자카야 문화를 담은 레스토랑 겸 바, 디 오브리. 장인 정신이 담긴 칵테일과 프리미엄 사케, 정교한 일식 요리가 어우러진다.

DAY 2

08:00

수영장 이용

도심 속에 자리한 실내
수영장으로 날씨에 상
관없이 사계절 언제든
이용 가능하다.

09:00 | **더 만다린 클럽 조식**
The Mandarin Club

조식, 애프터눈 티, 저녁 칵테일과 카나페까지 하루의 흐름에
맞춘 다양한 다이닝이 제공된다. 붐비지 않는 조용한 곳에서
여유로운 식사를 누릴 수 있다.

10:00 | 더 만다린 스파
The Mandarin Spa

전통 중국 의학과 현대 아로마테라피를 결합한 맞춤형 트리트먼트로 유명한 웰니스 공간. 고요한 조명과 자연 소재로 이루어진 스파룸에서 완벽한 균형과 휴식을 경험할 수 있다.

12:00 | 체크아웃

13:00 | 만와 점심 식사 Man Wah

만다린 오리엔탈 홍콩 최상층에 위치한 광둥 요리 레스토랑으로 10년 넘게 〈미쉐린 가이드〉에서 별 1개를 받아오고 있다. 세련된 아르데코 스타일의 인테리어와 빅토리아 하버 전망이 어우러진 클래식한 분위기 속에서 정통 광둥 요리를 현대적으로 재해석한 색다른 메뉴를 선보인다.

Regent Hong Kong

리젠트 홍콩

홍콩이 세계 무대에 등장하던 1980년, 침사추이 해안에 한 호텔이 문을 열었다. 이름은 리젠트 홍콩. 그 시절 홍콩에서 가장 화려한 전망을 지닌 호텔이라는 수식어는 결코 과장이 아니었다. 바다를 마주하고 태어난 이 호텔은 곧 도시의 야심과 우아함을 상징하게 된다.

오랜 시간 인터컨티넨탈 홍콩InterContinental Hong Kong으로 불렸을 때도, 리젠트 홍콩이라는 이름을 되찾은 후에도 이 호텔은 단순한 숙박이 아닌 '풍경을 감상하기 위해 찾는 호텔'이었다. 로비의 반짝이는 대리석과 황동 디테일, 맞춤 제작된 가구들은 아시아의 럭셔리가 세계의 기준이 될 수 있음을 보여준다. 2023년 대대적인 리노베이션을 거쳤지만 호텔은 과거를 지우지 않았다. 디자이너 치 윙 로Chi Wing Lo의 손길 아래 황동은 더 깊은 광택으로, 곡선과 직선은 더 강렬한 긴장으로 남았다.

화려함보다 균형, 과시보다 여유를 내세우며 리젠트 홍콩은 다시 한번 이 도시를 대표하는 호텔이 되었다. 바다와 도시를 가장 가까이에서 마주하고 싶은 여행자에게 여전히 가장 좋은 답이다.

DAY 1

15:00

체크인과 룸 안내

들어서는 순간 "우아!" 하고 탄성이 나오는 하버 전망. 빅토리아 하버 바로 앞에 자리한 호텔인 만큼 다른 호텔의 하버 뷰 룸에서는 경험할 수 없는 전망이 펼쳐진다.

17:30 | 호텔 클럽 라운지

전망과 함께 이브닝 칵테일 즐기기. 칵테일을 비롯해 각종 와인과 가벼운 핑거 푸드가 제공된다.

19:00 | **노부 홍콩**
Nobu Hong Kong

스시 업계에서 가장 유명한 이름, '노부 마츠히사'. 일본을 제외한 아시아의 첫 번째 노부 레스토랑으로 선택받은 곳이 바로 홍콩이다. 해가 지는 하버의 풍광과 함께 펼쳐지는 미식의 여정.

21:00 | **쿠라 바**
Qura Bar

역시나 압도적인 뷰가 함께 하는 호텔 내 쿠라 바. 시그니처 칵테일 중 하나인 Symmetry 시음하기. 새콤한 체리와 토마토, 여기에 은은하게 배어 있는 와사비 향, 그리고 핑크 자몽의 쓴 맛과 맨시노 세코의 허브 향이 어우러지며 완벽한 균형감을 만들어낸다.

DAY 2

08:00 | **조식**

빅토리아 하버를 바라보는 여유로운 공간에서 품격의 뷔페와 함께 하루를 시작한다. 신선한 재료로 완성한 인터내셔널 메뉴와 아시아식 메뉴가 균형 있게 구성되어 취향에 따라 즐길 수 있다.

12:00 | **체크아웃**

13:00 | **라이칭힌에서 점심 식사**
Lai Ching Heen

호텔 내 레스토랑 라이칭힌은 광둥식으로는 드물게 미쉐린에서 2스타를 받아낸 곳이다. 라이칭힌에서 중국 전통 티와 어울리는 광둥식 코스, 티 페어링 메뉴 즐기기

HONG KONG
DINING

The Table Etiquette
음식에도 예법이 있다, 홍콩 식당 이용 에티켓

로마에 가면 로마의 법을 따라야 하는 법, 미식의 천국 홍콩에 왔다면 당연히 홍콩인의 식사 예절도 알아야 한다. 홍콩에서 식당 이용 시 알아두면 좋은 팁과 에티켓을 모아봤다. 작은 차이가 여행의 품격을 높이고, 현지인과 더욱 자연스럽게 어울릴 수 있는 계기가 될 것이다.

1

합석은 기본

식당에 들어가서 빈자리가 있다고 바로 앉으면 안 된다. 종업원이 자리를 안내해 줄 때까지 기다려야 하는데 인기 맛집의 경우 합석이 기본이다. 4인석에 모르는 사람 4명이 앉게 되어도 당황하지 말자.

2

큰 그릇에 담긴 뜨거운 물의 용도

로컬 레스토랑 이용 시 뜨거운 물과 큰 그릇을 함께 주는 경우가 종종 있다. 이 물은 식기를 소독하는 용도로, 마시는 물이 아니다. 젓가락과 숟가락, 앞접시 모두 뜨거운 물로 한 번씩 소독한 후 이용하자.

3

물과 티슈를 제공하지 않는다

규모가 작은 로컬 식당은 물과 티슈를 제공하지 않는 경우가 많다. 인기 맛집일수록 이런 경우가 비일비재하니 여행 중 마실 물과 물티슈 정도는 항상 휴대하는 편이 좋다.

4

메뉴판의 금액이 전부가 아니다

메뉴판에 적힌 금액 외 10%가량의 봉사료가 추가되거나 차와 기본 반찬이 유료인 경우가 많다. 원치 않는다면 주문 전 종업원에게 미리 알리면 된다.

5

공용 젓가락을 이용하자

홍콩 사람들은 개인 위생에 철저한 편이다. 여럿이 같이 먹는 음식의 경우 반드시 공용 숟가락과 젓가락을 이용해 떠먹어야 한다. 공용 젓가락으로 검은색을 사용했다면 개인 젓가락은 흰색을 사용해서 구분한다.

6

신용카드 이용 여부 미리 확인

로컬 식당의 경우 신용카드 이용이 불가한 경우가 많다. 현금 또는 우리나라의 티머니 카드 개념인 옥토퍼스 카드로만 결제가 가능한 경우가 있으니 식당 주문 전 미리 확인하자.

7

숫자 7에 주의하자

식당에서 7가지 음식을 테이블에 올려놓지 않는다. 이는 장례식장에서 보통 7가지 반찬으로 구성된 식사가 나오기 때문이니 7개 이상 또는 7개 이하로 주문하는 편이 좋다.

8

생선을 뒤집어 먹지 않는다

생선 요리를 먹을 때 한쪽 면을 다 먹은 후 뒤집어서 반대쪽을 먹으면 배가 뒤집어져서 침몰한다는 의미가 된다. 따라서 생선 한쪽 면을 다 먹은 후에는 뒤집지 말고 가시를 걷어낸 후 반대쪽을 먹어야 한다.

Chinese Identity, Tea
음료를 넘어 중국의 정체성, 차茶

중국인은 5000년 전부터 차를 마셔왔다. 오늘날에도 많은 사람이 차를 우리기 위한 병을 따로 가지고 다니며, 어디서든 차향을 즐기는 모습을 흔히 접할 수 있다. 그들에게 차는 목을 축이는 수단을 넘어 세대를 이어온 문화이자 정체성을 보여주는 중요한 매개체인 것이다. 홍콩에 온 여행자라면, 이 깊은 전통이 담긴 차 문화를 그냥 지나칠 수 없다. 향긋한 차 한 잔에 깃든 수천 년의 이야기를 직접 경험하며, 진짜 중국의 맛과 멋을 즐겨보자.

광둥 요리의 시작은 차

홍콩에서 중급 이상의 광둥 요리 전문점이라면 따로 주문하지 않아도 차부터 내온다. 무료는 아니고 지불해야 하지만 이를 마다하고 그냥 물을 마시는 사람은 거의 없다. 이들의 유별난 차 사랑은 과거 중국의 물에 석회 성분이 많아 물을 끓여 먹는 습관에서 비롯된 것이라고는 하나, 원인이 무엇이든 기름기 많은 광둥식 식생활에서 차는 꽤나 효과적인 위 보호제 역할을 한다. 꽃잎이 들어가 향기가 좋고 쓴맛이 덜한 재스민차가 가장 일반적이지만 다른 종류의 차를 주문하는 것도 가능하다.

차를 마시는 예법

중국의 차 문화에는 몇 가지 예법이 있다. 차 리필이 필요하다면 주전자 뚜껑을 반만 열어두면 된다. 지나가는 종업원이 알아서 차를 채워주는데 이때 검지와 중지를 구부려 테이블을 두 번 툭툭 치면 된다. 구부린 손가락은 무릎을 꿇어 예를 표하는 사람의 모습을 상징한다. 찻잔이 비면 마주 앉은 사람이 알아서 채워줘야 하는 것 역시 중요한 차 예법 중 하나다.

가장 대중적인 중국 차 종류

차는 발효 정도와 생산지에 따라 여러 종류로 나뉘는데 발효가 되지 않은 것은 불 발효차, 절반쯤 발효된 것은 반 발효차, 발효가 충분히 된 것은 완전 발효차라 한다. 발효도가 낮을수록 찻잎이 푸른색을 띠며 찬 성질이 많아 여름에 마시면 좋다. 반대로 발효도가 높을수록 찻잎이 짙은 색을 띠며 따뜻한 성질이 많아 겨울에 마시면 좋다.

보이차 普洱茶

완전 발효차에 속하며 검은색에 가까울 만큼 찻잎의 색이 짙다. 첫맛은 떫지만 시간이 지날수록 단맛이 돌며 향기도 오래간다. 체내 지방 흡수를 막아 비만 방지에 효과가 좋다.

용정차 龍井茶

항저우 지방의 특산품으로 발효 과정을 거치지 않고 찻잎을 그대로 말린 뒤 우려낸다. 숭늉처럼 맛이 구수하며 향이 짙은 데 반해 색깔이 맑다. 피를 맑게 하는 효과가 있다.

철관음차 鐵觀音茶

매일 차를 끓여 관음상에게 바쳤다는 농부의 이야기에서 이름이 유래했다. 홍차의 쌉싸래한 맛과 녹차의 은은한 향을 동시에 지녔으며 사포닌이 풍부해 변비 치료에 효과적이다.

재스민차 茉莉花茶

은은한 꽃향과 깔끔한 뒷맛으로 광둥 요리에 가장 잘 어울리는 차로 사랑받고 있다. 특히 녹차 잎에 재스민 꽃향을 입힌 전통 방식의 재스민차는 향이 과하지 않고 균형 잡힌 맛이 특징이다.

무이암차 武夷巖茶

푸젠성의 우이산에서 나는 차를 무이암차라 통칭하는데 중국 10대 명차 중 하나로 손꼽힌다. 구수한 맛이 일품이며 훈제 향이 난다. 긴장을 풀어줘 스트레스 해소에 도움이 된다.

홍차 紅茶

완전 발효차로서 향이 강하고 색이 짙으며 카페인도 많이 함유되어 있다. 생산지에 따라 다즐링 홍차, 우바 홍차, 아삼 홍차 등으로 나뉘며 기문홍차 祁門紅茶가 가장 일반적이다.

Kitchen of Asia, Hong Kong

아시아의 부엌 홍콩

차찬텡

홍콩의 정서를 가장 잘 담아낸 공간이다. 양식과 중식이 뒤섞인 독특한 메뉴와 활기찬 분위기 속에서 사람들의 소박한 일상이 이어진다. 한 잔의 밀크티만으로도 홍콩의 감성을 온전히 느낄 수 있다.

광둥 요리

중국의 4대 요리 가운데 가장 넓고 깊은 미식의 세계를 보여주는 것, 바로 광둥 요리다. 특정한 메뉴, 특정한 맛을 내세울 수 없이 입안에서 번지는 다채로운 조화 그 자체가 바로 광둥 요리의 매력이다.

딤섬

단순히 광둥 요리의 한 종류라 하기에 딤섬은 그 유명세가 광둥 요리를 넘어서고 있다. 심지어 제대로 된 딤섬을 맛보기 위해 홍콩을 찾는 여행객도 있을 정도. 이 작은 한 접시에 담긴 숱한 이야기에 귀 기울여 보자.

국수(완탕면)

국수를 빼놓고 미식의 세계를, 아니 인류의 역사를 논할 수 있을까? 탱글탱글한 새우 완탕이 그대로 씹히는 담백하고 구수한 완탕면의 매력에 빠지면 두번, 세 번 계속 찾게 될지 모른다.

에그타르트

홍콩의 에그타르트는 포르투갈 전통의 에그타르트와 식감과 맛이 다르다. 오직 홍콩에서만 접할 수 있는 홍콩식 에그타르트. 홍콩식 디저트를 원한다면 빼놓지 말고 맛 봐야 할 과자가 바로 에그타르트다.

애프터눈 티

영국 식민지 시대의 전통이 이어진 특별한 티 문화다. 호텔 라운지에서 홍차와 스콘을 즐기던 영국식 티타임에 홍콩만의 디저트와 딤섬 등이 더해져 우아하면서도 친근한 로컬 미식 문화로 자리 잡았다.

Icon of Hong Kong Dining, Cha Chaan Teng

홍콩 대중식당의 대명사 차찬텡

차찬텡茶餐廳은 차茶와 함께 음식餐을 먹는 저렴한 대중식당을 의미한다. 우리나라로 치면 일종의 김밥천국인 셈. 하지만 이걸로는 설명이 부족하다. 살인적인 집값 때문에 집에서 부엌까지 없앤 홍콩인에게 저렴하고 맛까지 좋은 차찬텡은 보통의 식당 이상의 의미를 지니기 때문이다. 한 세기가 넘도록 중국 속의 영국으로 살아온 덕에 음식에도 동서양 문화가 혼재하는데 그 때문에 마카로니로 만든 수프, 커피와 밀크티를 1:1 비율로 섞은 원앙차 등이 차찬텡을 대표하는 음식으로 자리 잡았다. 차찬텡에서는 홍콩 스타일로 변형된 세상의 모든 음식을 맛볼 수 있다.

음식을 넘어 홍콩의 정체성, 차찬텡

홍콩 사람들도 홍콩의 정체성이 가장 잘 드러나는 식당으로 주저 없이 차찬텡을 꼽는다. 2007년 홍콩의 한 의원이 차찬텡을 유네스코 인류문화유산으로 등재하려고 했던 것도 차찬텡이 지닌 남다른 위상 때문. 카페와 식당의 중간쯤 되는 이 모호한 공간은 동양도 아니고 그렇다고 서양도 아닌 모호한 홍콩의 역사를 그대로 보여준다.

차찬텡의 원형은 70여 년 전 홍콩에서 유행하던 삥삿氷室에서 찾을 수 있다. 이름 그대로 차가운 음료를 팔던 곳이다. 그러다 제 2차 세계대전이 끝난 후 스테이크와 파스타 같은 서양 음식을 팔기 시작했다. 이때부터 지금의 차찬텡으로 자리 잡기 시작한 것. 질은 떨어질지 모르지만 서양의 맛을 저렴하게 경험할 수 있다는 것이 차찬텡의 성공 비결이었다. 지금도 대부분의 메뉴가 우리 돈 1만 원을 넘기지 않는다. 미쉐린 스타 레스토랑이나 명품 쇼핑보다 가장 단순하면서도 명확하게 홍콩의 문화와 역사를 접할 수 있는 곳, 바로 차찬텡이다.

차찬텡 메뉴

1

보로바오
Pineapple Bun 菠蘿包

소보로와 비슷한 두툼한 번 사이에 버터 한 조각이 들어간다.

2

사이토시
French Toast 西多士

프렌치토스트 위에 버터 한 조각과 시럽을 뿌려 먹는다.

3

통판
Macaroni Soup 通粉

닭 육수 베이스 국물에 마카로니를 넣고 햄이나 달걀프라이 등을 고명으로 올려 먹는다.

4

퇴탄미엔
Ramen with Ham and Egg 腿蛋麵

맵지 않은 닭고기 국물에 라면과 햄, 달걀프라이 등을 추가한다.

5

나이차
Milk Tea 奶茶

찻잎을 넣은 실크 주머니를 끓인 후 쭉 짜서 만드는 홍콩 스타일 밀크티.

6

원앙차
Yuenyeung 鴛鴦茶

커피와 밀크티를 섞어 마시는 방식, 차가운 스타일은 '동윤영凍鴛鴦'이라 부른다.

추천 차찬텡 레스토랑

Lan Fong Yuen 蘭芳園
란퐁유엔

Ⓖ MTR Sheung Wan역 A2 출구에서 도보 9분
Ⓐ 2 Gage St, Central
Ⓗ 월~토요일 07:30-18:00, 일요일 휴무
Ⓟ 나이차 HK$25~, 프렌치토스트 HK$35

1952년에 오픈한 현존하는 가장 오래된 차찬텡 중 하나다. 최고 품질의 호주 우유와 인도 아삼 홍차의 재료를 통해 밀크티 최강자로서의 면모를 돈독히 하고 있다. 홍콩에서 밀크티는 나이차奶茶라는 이름으로 불리는데 홍콩에서만 하루에 약 250만 잔이 소비된다는 통계가 있을 만큼 홍콩 사람들의 국민 음료로 자리 잡았다. "란퐁유엔에서 나이차를 마시지 않았다면 홍콩을 가지 않은 것과 같다"는 말이 있을 정도로 란퐁유엔은 차찬텡 전체를 대표한다. 특히 스타킹 같은 비단 천에 차를 걸러내는 방식은 반세기가 넘는 란퐁유엔만의 고전적인 레시피. 달콤 쌉싸래한 나이차의 중독적인 맛 덕에 언제나 사람들로 가득하다.

The Real Chinese Food, Cantonese

광둥 지방에서 맛보는 진짜 광둥 요리

동서양의 문화가 뒤섞인 홍콩이지만 음식의 뿌리만큼은 의외로 굳건하다. 중국 본토 남부 지역의 향토 요리, 바로 광둥 요리다.

미식의 도시 홍콩에서 맛봐야 할 요리는 넘쳐난다. 하지만 광둥 지방에 온 만큼 가장 먼저 맛봐야 할 요리는 광둥 요리 아닐까? 광둥 요리는 상하이, 베이징, 쓰촨과 함께 중국 4대 요리 중 하나로 꼽히지만 식재료와 조리법 등이 워낙 다양하고 가장 넓은 지역을 아우르고 있어 중국 요리의 본체로 여겨지기도 한다. 간을 담백하게 하고 센불에서 빨리 익혀내 재료 본연의 맛이 살아 있다는 것이 광둥 요리의 특징. 덕분에 자극적이거나 느끼하지 않아 모두의 입맛을 사로잡을 수 있었다. 전 세계에서 가장 많은 사람들이 먹는 요리가 중국 요리이고 미국이나 유럽에서 흔히 보이는 중국 음식점 대부분이 광둥 요리 집인 걸 보면 광둥 요리야말로 인류의 요리라 해도 과언이 아니다. 먹어도 먹어도 끝나지 않을 요리의 바다, 광둥 요리의 세계로 안내한다.

한국인의 입맛에 맞는
추천 광둥 요리

차씨우
Roast Pork 叉燒

구운 돼지고기에 엿기름을 바른 후 한 번 더 구워내 특유의 달콤한 맛을 낸다. 차씨우를 한 입 크기로 썰어 하얀 밥 위에 얹은 뒤 양념장을 첨가해 먹는 방식을 차씨우판叉燒飯이라 하는데, 이는 홍콩 사람들이 일상에서 가장 쉽게 접하는 요리다.

씨우위찌
Roast Suckling Pig 燒乳豬

생후 2~6주가량 된 아기 돼지 통바비큐로 바삭한 껍질과 담백한 살코기의 조화가 일품이다. 특히 껍질은 달콤한 장을 여러 번 발라 구워 입안에 들어가는 순간 바사삭 소리와 함께 녹아버린다.

찡위
Steamed Fish 蒸魚

광둥식 생선찜, 그중에서 가루파Garoupa를 최고로 치는데 우리식으로 하면 다금바리를 뜻한다. 생선에 끓는 기름을 부어 겉을 바삭하게 만든 후 특제 간장 소스, 그리고 파채와 함께 먹는다. 담백한 생선 살과 간장에 배어나는 청량한 파의 향을 즐겨보자.

차우하이
Spice Fried Crab 炒蟹

홍콩의 어부들이 배 위에서 갓 잡은 해산물로 만들어 먹는 음식을 비퐁당 요리라 하는데, 차우하이는 비퐁당 요리의 대표 주자로 알려져 있다. 게를 각종 향신료와 함께 볶아내 매콤함을 넘어 칼칼한 맛이 난다. 대부분 시가로 판매하며 상당히 비싼 편이다.

꾸로우욕
Sweet and Sour Pork 咕嚕肉

돼지고기 튀김에 전분이 가미된 소스를 뿌려 먹는 방식으로 우리나라의 탕수육과 흡사하다. 한국식 탕수육에 비해 화려함은 덜하지만 담백한 육질과 고기를 튀기는 실력에서 확연한 차이가 난다. 집집마다 조리법도 달라서 바삭한 식감을 강조한 곳도 있고 새콤달콤한 맛을 강조한 곳도 있다.

씨웅오
Goose Roast 燒鵝

베이징 덕과 함께 중국 가금류 요리 2대 지존이다. 끓는 물에 거위를 통으로 삶은 후 물엿을 바르고 하룻밤 재운다. 그 후 물엿을 계속 바르면서 화덕에 초벌, 재벌, 많으면 삼벌까지 해서 속살까지 달콤한 소스가 진하게 배도록 한다. 쫄깃한 식감과 더불어 진한 소스 향이 일품이다.

호입빤
Lotus Leaf Rice 荷葉飯

광둥 지방의 전통 보양 요리 중 하나로 연잎에 양념한 고기나 해산물과 찹쌀을 넣고 찜기에 쪄 밥을 만든다. 찹쌀밥에는 양념한 고기의 향과 함께 연잎 향이 배어난다. 한국식 연잎밥이 담백함으로 승부한다면 호입빤은 양념이 한결 진한 편이다.

추천 광둥 요리 레스토랑

Man Wah 文華廳
만와

ⓖ MTR Central역 F 출구에서 도보 2분
ⓐ 25F, Mandarin Oriental Hotel, 5 Connaught
  Rd, Central
ⓗ 월~금요일 12:00-14:30, 18:00-22:30, 토~일
  요일 11:30-14:30, 18:00-22:30
ⓟ 송이버섯튀김 HK$390, 점심 세트 메뉴 $768~

만다린 오리엔탈 호텔 25층에 위치한 광둥
요리 전문 레스토랑이다. 금색 디테일이 더
해진 푸른 벽은 마치 빅토리아 항구의 연장
선에 있는 듯한 느낌을 준다. 모든 메뉴가 풍
부한 맛을 보장하지만, 그중에서도 풍미를
가득 머금은 송이버섯튀김은 만와가 미쉐린
에서 별 1개를 받는 데 결정적 요인으로 작용
했을 만큼 뛰어난 맛을 자랑한다. 전병과 양
배추 등 여러 방식으로 즐길 수 있는 북경오
리도 추천 메뉴 중 하나다. 평일에는 6세 미
만 어린이의 입장이 제한된다. 보다 합리적
인 가격으로 즐기고 싶다면 주말보다는 평
일, 저녁보다는 점심을 공략하는 것이 좋다.

Flower of Cantonese Cuisine, Dim Sum

광둥 미식의 꽃, 딤섬

**그저 중국식 만두일 뿐
뭐 그리 대단할까 싶지만
홍콩에서 딤섬의 위상은
광둥식 자체를 상징하기도 한다.**

대부분의 한국인에게 딤섬은 그저 만두일 뿐이다. 하지만 무려 3000년의 역사를 자랑하는 딤섬은 종류도 1000가지가 넘는다. 용어부터 정리하자면 광둥 지방 사람들에게 딤섬點心은 원래 아침과 저녁 사이에 간단하게 먹는 음식이었다. '점심'의 광둥어 발음이 딤섬인 것. 차와 함께 즐긴다 해서 얌차飮茶라는 이름으로도 오랜 세월 불려왔다. 그러니까 딤섬은 점심 전후로 간단히 먹는 모든 음식을 통틀어 이르는 말이다. 만두, 찐빵, 튀김, 탕, 죽, 떡 등 온갖 음식을 아우른다.

근래에 와서는 시간에 관계없이 딤섬을 내놓는 식당이 많아지면서 이전보다 수월하게 맛볼 수 있게 되었다. 딤섬의 본거지에 온 만큼 반드시 맛봐야 하는 딤섬! 주문 방법부터 종류 등 딤섬에 관한 모든 걸 공개한다.

딤섬 어떻게 주문할까?

전통적인 주문 방식은 딤섬을 가득 실은 수레가 지나갈 때 불러 세워 원하는 종류를 선택하는 것이지만, 오늘날에는 테이블에 놓인 종이 주문서에 연필로 체크해 넘기는 방식이 일반적이다. 주문서는 대부분 한자로 되어 있지만 여행객을 위해 사진이 들어간 메뉴판을 따로 마련한 집이 많아 주문은 생각보다 수월하다. 하나의 찜통에 보통 서너 개의 딤섬이 들어가기 때문에 무턱대고 많이 시킬 필요는 없다.

딤섬의 종류

딤섬은 이름만으로도 대략적인 모양을 알 수 있는데 만두 안의 소가 보일 만큼 만두피가 투명한 것은 가우餃, 빵처럼 두툼하게 부풀어 오른 것은 바오包, 만두피가 열려 소가 노출된 것은 마이賣라고 한다.

샤오롱바오
Steamed Pork Dumpling 小籠包

유일한 상하이식 딤섬으로 얇은 피 안에 육즙이 가득 들어 있다. 광둥 요리 전문점에서는 판매하지 않는 경우가 많다.

시우마이
Pork Dumpling 燒賣

노란색 달걀 반죽에 다진 돼지고기와 새우 소를 넉넉히 넣고 꽃 모양으로 빚어낸 딤섬이다.

차시우바오
BBQ Pork Bun 叉燒包

부드럽고 폭신한 찐빵 속에 간장과 설탕을 넣고 졸인 돼지고기 소가 들어 있다.

창펀
Steamed Rice Roll 腸粉

쌀로 만든 얇은 피 속에 새우나 고기, 채소 등을 넣고 둘둘 말아 만든 것으로 간장 소스를 뿌려 먹는다.

춘권
Spring Roll 春卷

만두피에 다진 채소와 고기를 넣고 돌돌 말아 찌거나 튀긴다. 스프링 롤이라는 영어 이름으로 더 유명하다.

하가우
Shrimp Dumpling 蝦餃

얇은 찹쌀 피 속에 통새우를 넣은 것으로 탱글탱글한 새우의 식감과 진한 육즙이 환상의 조화를 보여준다.

짜완탕
Fried Wonton 炸雲吞

완탕면에 들어가는 새우만두를 튀겨낸 것으로, 바삭한 겉과 고소하고 부드러운 새우 소의 궁합이 일품이다.

펑꽈
Braised Chicken Feet 鳳瓜

간장 소스에 졸여낸 닭발이다. 피부 미용에 좋지만, 익숙하지 않은 외형과 독특한 향 때문에 호불호가 갈린다.

나이윙바오
Steamed Custard Bun 奶皇包

촉촉한 빵 안에 노란색 커스터드 크림을 넣은 디저트 메뉴다. 소가 달콤해 호불호 없이 누구나 좋아하는 맛이다.

추천 딤섬 레스토랑

Lin Heung Tea House
蓮香樓
린흥 티 하우스

ⓖ MTR Sheung Wan역 A2 출구에서 도보 5분
Ⓐ 160 Wellington St, Central
Ⓗ 매일 06:00-16:00, 18:00-22:00
Ⓟ 딤섬 한 바구니 약 HK$25~42

1918년 오픈 후 홍콩 3대 딤섬집 중 하나로 명성을 떨치다 2022년 팬데믹의 여파로 폐업했다. 그리고 2024년 4월 기적처럼 부활한 말 그대로 불굴의 딤섬 명가다. '린흥 티 하우스'라는 세련된 이름이지만 주문은 예전 방식을 고수해 쌓아놓은 딤섬 바구니를 카트에 넣고 돌아다니며 주문을 받는다. 음식 값은 주문지 내역을 합산해 한 번에 계산하는데 이런 주문 방식 자체가 이제는 사라져가는 풍습이라 나름 구경하는 재미가 있다. 오전 8시에 가도 줄을 서야 할 만큼 인기 맛집이지만 합석이 기본인 만큼 오래 기다리지 않아도 된다.

World of Noodles
장인의 정신이 담긴 국수의 세계

홍콩에서 국수의 위상은 우리나라의 밥처럼 대체 불가한 영역이다. 기원전 6000년경부터 먹었다고 하니 국수야말로 중국을 넘어 인류의 문화유산이라 해도 과언이 아니다. 한국인 역시 '면부심'에서는 둘째가라면 서러운 사람들이지만 밥상에서 국수가 밥을 이기는 경우는 드물다. 홍콩의 면부심은 차원이 다르다. 차찬텡 식당에서 아침 식사로 라면을 즐겨 먹는 사람들이 바로 홍콩 사람들이다. 완탕면이나 소고기 국수 등의 홍콩식 국수를 이제는 서울에서도 쉽게 접할 수 있지만 맛이나 식감 모두 본토의 그것과는 분명히 다르다. 국수의 본고장에 온 만큼 가능한 한 다양한 국수를 먹어보자.

면의 종류

딴민 蛋麵

달걀 또는 오리알을 가미한 밀면, 잘 끊어지지 않을 정도로 극강의 꼬들꼬들함을 자랑한다.

미시엔 米線

쌀국수의 일종으로 단면이 둥글고 탄성이 높아 쫄깃하다. 윈난 국수에 들어가는 면이다.

허펀 河紛

쌀국수의 일종으로 넓적한 모양이다. 쌀 특유의 찰기로 탄성이 있고 매끄럽다.

미펀 米粉

미시엔, 허펀과 함께 쌀로 만든 면으로 가늘고 톡톡 끊기는 특징을 지닌다.

초우민 粗麵

밀을 빻아 만든 가루와 물을 섞어 만든 면으로 지름이 우동처럼 굵다.

요우민 油麵

면을 삶은 뒤 기름에 가볍게 버무려 서로 달라붙지 않게 했다.

이민 伊麵

이푸면E-Fu Noodles이라고 불리며 광둥 지역에서 발달한 달걀 면의 한 종류다.

공짜이민 公仔麵

밀가루 면을 기름에 튀긴 것으로 인스턴트 라면과 식감이 비슷하다.

국수 종류

1

2

3

4

5

6

1

완탕면

Wonton Noodle 雲吞麵

해산물을 우려낸 국물에 통새우를 넣은 만두 완탕이 들어간다. 홍콩에서 맛볼 수 있는 가장 일반적인 국수다.

2

새우알 비빔면

Tossed Noodle with Oyster Sauce &
Shrimp Roe 蝦子撈麵

면을 삶은 뒤 새우알을 소복이 올리고 굴 소스를 곁들여 먹는다. 쫄깃한 식감과 굴 소스 향이 환상의 조화를 이룬다.

3

탄탄면

Dan Dan Noodle 擔擔麵

쓰촨식 국수로 매콤한 맛이 특징이다. 청경채, 돼지고기 볶음, 땅콩 등 들어가는 고명이 많아 풍미가 뛰어나다.

4

소고기 국수

Beef Brisket with Noodle 牛腩麵

소고기를 푹 우려낸 국물에 쌀국수를 넣고 두툼한 소고기와 파를 고명으로 올린다. 한국인 입맛에 가장 잘 맞는 국수다.

5

카트 누들

Cart Noodle 車仔麵

국수에 들어가는 면과 국물, 고명을 모두 손님이 직접 골라 나만의 국수를 만들어 먹는 방식이다. 주문서에 원하는 사항을 체크해 주인장에게 건네면 된다.

6

윈난 국수

Yunnan Noodle 雲南米線

이름처럼 윈난성에서 유래한 국수로 매콤 새콤한 육수가 독특하다. 카트 누들처럼 고명과 매운 정도 등을 원하는 대로 선택할 수 있다.

추천 맛있는 국숫집

Tsim Chai Kee 沾仔記
침차이키 | 완탕면 |

ⓒ MTR Central역 D2 출구에서 도보 7분
Ⓐ Shop B, G/F, 98 Wellington St, Central
Ⓗ 매일 11:00-22:00
Ⓟ 새우 완탕면 HK$40, 청경채 HK$20

탄력 있는 면발과 깔끔하고 깊은 맛의 국물로 지역 주민뿐 아니라 여행객, 미쉐린의 마음까지 모두 사로잡은 곳으로, 언제든 긴 줄을 설 각오를 해야 하는 인기 맛집이다. 다른 완탕면 집과 달리 나만의 완탕면을 커스텀할 수 있다는 것이 이곳의 매력이다. 기본 에그 누들, 납작한 쌀국수, 얇은면 중 선택할 수 있으며, 배가 차지 않을 것 같다면 탄력 있는 피시볼, 넉넉하게 채워진 완탕, 그리고 얇게 썬 부드러운 소고기의 토핑을 조합해서 즐겨도 좋다. 피크 시간에 합석은 필수이며 보다 여유롭게 즐기고 싶다면 식사 시간이 끝난 오후에 방문하자. 물과 냅킨은 유료이며 현금과 옥토퍼스 카드로만 결제 가능하다.

Hong Kong's Signature Snack, Egg Tart

홍콩의 명물 간식 에그타르트

포르투갈의 전통에서 시작해
영국의 티타임 문화와 만나 변주된 에그타르트는
오늘날 홍콩 미식 문화의 아이콘으로 자리 잡았다.

홍콩에서 맛봐야 할 간식거리의 순위를 매긴다면 가장 첫 번째 자리에 놓아야 할 것은 단연 에그타르트다. 전 세계 어디서든 쉽게 접하는 디저트긴 하나 홍콩의 에그타르트는 지역적, 역사적 특성을 지니고 오리지널과는 다른 맛과 모양으로 발전해왔다. 디저트 가게 어디든 에그타르트를 팔지 않는 곳은 없다. 하지만 명물 간식으로 꼽히는 것일수록 제대로 맛봐야 하는 법, 독특한 역사만큼 이나 재미난 에그타르트의 모든 것을 알아보자.

에그타르트의 역사

에그타르트의 기원은 포르투갈에서 찾을 수 있다. 200여 년 전 리스본의 유서 깊은 수녀원인 제로니모스의 수녀들은 수녀복을 빳빳하게 하기 위해 달걀흰자를 사용했고, 그러다 보니 자연스럽게 달걀노른자가 많이 남았는데 이를 처치하기 위해 고안해낸 디저트가 바로 에그타르트인 것. 대항해시대 포르투갈의 선원들이 전 세계로 뻗어 나가면서 오늘날과 같이 세계인의 디저트로 자리 잡았다.

홍콩 스타일 에그타르트

홍콩 VS 마카오

똑같이 포르투갈을 기원으로 하지만 홍콩의 에그타르트와 마카오의 에그타르트는 모양과 맛이 확연히 다르다. 홍콩식 에그타르트는 도우가 다소 빡빡한 식감의 쿠키를 사용하며 커스터드가 영롱한 노란빛을 띤다. 반면 마카오식 에그타르트는 겹겹의 얇은 페이스트리를 도우로 사용해 식감이 바삭하다. 커스터드 위에 얇게 캐러멜을 발라 굽기 때문에 살짝 검게 그을린 게 특징이다. 홍콩보다는 마카오 쪽이 조금 더 정통 포르투갈에 가까운 스타일이다.

마카오 스타일 에그타르트

지금, 홍콩에서 가장 맛있는 에그타르트를 맛볼 수 있는 두 곳

Tai Cheong Bakery
泰昌餅家
타이청 베이커리

ⓖ MTR Central역 D2 출구에서 도보 9분
ⓐ 35 Lyndhurst Terrace, Central
ⓗ 매일 09:30-19:30
ⓟ 에그타르트 HK11$, 설탕도너츠 HK$11

할리우드 로드 어귀 경사로에 위치한 에그타르트 전문점으로 테이블 하나 없을 만큼 규모는 작지만 명성만큼은 타의 추종을 불허한다. 1954년 창립해 어느새 70주년을 맞이한 이 가게는 현재 홍콩 전역에 여러 지점을 내고 운영 중이지만, 홍콩의 마지막 총독 크리스 패튼이 가장 좋아했다던 린더스트 테라스에 위치한 본점은 단순한 베이커리 그 이상의 의미로 남아 있다. 실제로 타이청 베이커리 다른 지점에서 판매 중인 에그타르트는 모두 본점에서 만들어 공급된 것, 당연히 본점의 인기가 가장 좋다. 정통 포르투갈식 에그타르트와 달리 타이청 베이커리의 에그타르트는 쿠키 스타일의 도우가 특징이다.

Bake House
베이크 하우스

ⓖ MTR Wan Chai역 D 출구에서 도보 5분
ⓐ 14 Tai Wong St E, Wan Chai
ⓗ 매일 08:00-21:00
ⓟ 사워도우 에그타르트 HK$12.5, 크루아상 HK$22
ⓤ www.bakehouse.hk

골목으로 들어서는 순간 풍겨오는 갓 구운 빵 냄새로 모두의 발길을 이끄는 이곳은 포르투갈 스타일의 에그타르트로 유명한 베이크 하우스다. 스위스에서 태어나 15세부터 제빵 기술을 배운 셰프 그레고아Grégoire는 여러 호텔과 레스토랑에서 경력을 쌓은 후 홍콩에 와서 도매 베이커리를 시작했고 2018년 완차이에 첫 매장을 열었다. 그리고 10년도 채 되지 않아 에그타르트 장인이라는 말을 들을 만큼 승승장구해왔다. 겹겹이 쌓인 페이스트리가 에그타르트의 바삭한 식감을 완성하며, 달콤한 필링과 완벽하게 어우러져 맛을 극대화한다. 매장에서 여유롭게 브런치를 즐기려면 긴 줄을 서야 할 만큼 인기가 많지만, 빠른 포장이 가능하니 주변 공원이나 거리를 걸으며 간편하게 즐기는 것도 좋다.

**바쁘게 돌아가는 거대 도시 홍콩,
하지만 오후가 되면 한순간 느려지기 시작한다.
한 잔의 차와 스몰 디저트가 만들어내는 우아한 오후.**

1840년대 베드퍼드 공작부인 안나가 오후의 허기를 달래기 위해 차와 가벼운 음식을 곁들이던 작은 습관에서 이야기는 시작된다. 그녀의 습관은 곧 상류층의 살롱과 정원을 채우는 사교의 장으로 번져, 빅토리아시대의 화려한 일상 속 하나의 작은 의식으로 자리 잡게 된다. 세 겹의 트레이에 놓인 샌드위치, 스콘, 케이크, 그리고 향긋한 홍차 한 잔은 단순한 간식이 아니라 우아함과 여유, 그리고 교류의 상징이었다.

오늘날 애프터눈 티는 영국의 전통을 넘어 세계 각지의 호텔과 카페에서 경험하는 특별한 문화로 자리 잡았다. 오후의 햇살 속, 차와 디저트가 완성하는 작은 사치. 그 속에서 우리는 19세기 영국의 우아한 시간을 마주하게 된다.

홍콩의 애프터눈 티

영국의 식민지였던 홍콩은 애프터눈 티 문화도 자연스럽게 영국의 구성을 따르지만 딤섬, 망고 푸딩, 에그타르트 같은 홍콩 특유의 디저트가 더해지는 경우가 많다. 럭셔리 호텔에서 제공하는 애프터눈 티야말로 여행 중 꼭 해봐야 할 경험으로 꼽히지만, 차찬텡 같은 서민 식당에서도 저렴한 구성으로 제공하는 경우가 많아 손쉽게 애프터눈 티를 접할 수 있다. 식사 대용으로 해도 될 만큼 양도 넉넉한 편이며 남은 과자는 포장도 가능하다.

애프터눈 티의 시작은 홍차 선택

애프터눈 티의 즐거움은 홍차를 선택하는 순간에서부터 시작된다. 전통적으로는 다즐링, 아쌈, 실론과 같은 클래식한 홍차가 가장 많이 선택되었으며, 각각의 차는 향과 풍미에서 뚜렷한 개성을 지닌다. 다즐링은 '차의 샴페인'이라 불릴 만큼 산뜻하고 꽃향기가 풍부해 섬세한 샌드위치나 스콘과 잘 어울린다. 반대로 아쌈은 진하고 깊은 맛으로 크림과 잼이 듬뿍 올라간 스콘, 진한 케이크와 궁합이 좋다. 실론은 균형 잡힌 풍미와 청량감으로, 달콤한 디저트부터 가벼운 페이스트리까지 두루 어울리는 선택이다. 오늘날에는 얼그레이나 라벤더, 로즈 같은 향을 입힌 홍차나, 카페인 부담이 적은 허브티까지 함께 제공되며 선택의 폭이 넓어졌다.

애프터눈 티 추천 레스토랑

The Lobby,
The Peninsula Hong Kong
더 로비

ⓖ MTR East Tsim Sha Tsui역 L3 출구에서 바로 오른쪽
Ⓐ 22 Salisbury Rd, Tsim Sha Tsui, Kowloon
ⓗ 애프터눈 티 매일 14:00-17:30
ⓟ 1인 기준 HK$528, 2인 기준 HK$918

홍콩의 럭셔리 호텔에서 제공하는 애프터눈 티 중 가장 유명한 곳이다. 3단 트레이 하단에는 샌드위치나 세이브로리 아이템, 오이, 햄, 연어 등이 담겨 나오고 중간에는 스콘과 잼, 클로티드 크림이 함께 나온다. 그리고 상단에는 미니 케이크, 페이스트리, 무스, 젤리 등 달콤한 디저트류가 나온다. 높은 천장, 대리석 기둥, 클래식한 장식과 화려한 샹들리에 등이 어우러진 로비는 유럽풍의 식민지 시대 감성을 잘 살렸으며 라이브 재즈 또는 현악 연주가 티타임 동안 흐르며 여유로운 분위기를 더해준다. 슬리퍼나 반바지 차림은 입장을 제지당할 수 있으니 주의하자.

The Peninsula Cruise Experience
on Star Ferry
페닌슐라 크루즈 익스피리언스
온 스타 페리

ⓖ 침사추이 스타페리 선착장에서 탑승
ⓟ 1인당 HK$820

페닌슐라 홍콩과 스타 페리가 함께 선보이는 프로그램으로 페닌슐라 호텔 더 로비의 애프터눈 티 세트를 빅토리아 하버 위에서 유유히 항해하며 즐길 수 있다. 침사추이 선착장에서 출발해 약 105분 동안 빅토리아 하버 인근을 떠다니며 홍콩의 스카이라인을 감상하게 된다. 세이브로리와 스콘, 페이스트리로 구성된 전통의 3단 애프터눈 티 세트와 아티장 홍차가 함께 제공되는데 선상에서 라이브 음악이 더해져 우아한 분위기를 더한다. 세션은 오후 1시와 4시 두 차례 운영되며, 드레스 코드는 스마트 캐주얼이다. 예약은 페닌슐라 홍콩 홈페이지를 통해 가능하다.

Starry Table in Hong Kong, Michelin Guide

홍콩에서 누리는 별빛 만찬
미쉐린 스타 레스토랑

**2025년 기준 홍콩에는
76곳의 미쉐린 스타 레스토랑이 있다.
37곳인 서울의 두 배가 넘는다.
밥상 위에 펼쳐지는 별들의 전쟁터,
바로 홍콩이다.**

〈미쉐린 가이드〉는 1900년 프랑스에서 시작된 레스토랑 평가 제도로 오늘날 전 세계 여행자들이 가장 신뢰하는 미식 지침서로 자리 잡았다. 평가가 지나치게 서구 기준에 치우쳤다는 비판의 시선도 있지만 그럼에도 미쉐린이 현존하는 가장 대중적인 맛의 길잡이라는 사실은 부인할 수 없다.

홍콩 역시 매년 〈미쉐린 가이드〉가 발표되며 파인 다이닝부터 차찬텡까지 다양한 스타일의 식당들이 별을 부여받는다. 미쉐린 스타 레스토랑은 단순히 고급 레스토랑만의 전유물이 아니라, 지역의 음식 문화와 전통을 세계적으로 알리는 역할을 한다. 따라서 〈미쉐린 가이드〉 레스토랑을 방문하는 것은 한 끼 식사를 넘어, 그 도시의 미식 수준과 문화를 체험하는 특별한 여정이 된다. 여행 속 하루를 더욱 깊이 있고 기억에 남게 만드는 방법이 바로 미쉐린의 별을 따라가보는 것이다.

홍콩의 미쉐린 스타 레스토랑

Lai Ching Heen 麗晶軒
라이칭힌

2022년 '라이칭힌'이라는 이름으로 새롭게 오픈했지만 '얀토힌' 이라는 예전 이름으로 기억하는 사람들이 아직 많다. 입구로 들어서는 순간 옥으로 조각된 복도가 고상한 분위기를 더한다. 정교한 딤섬과 달콤한 게 속살, 훈제 베이징 덕이 큰 인기이며, 섬세한 서비스로 미쉐린에서 2개의 별을 획득한 곳이기도 하다. 광활한 항구 전망과 홍콩의 스카이라인을 음식과 함께 곁들이고 싶다면 예약 시 미리 요청하는 것이 좋다.

ⓒ MTR East Tsim Sha Tsui역 J 출구에서 도보 4분

Ⓐ G/F, Regent Hong Kong, 18 Salisbury Rd, Kowloon

Ⓗ 점심 월~토요일 12:00-14:30, 일요일, 공휴일 11:30-14:30 저녁 18:00-22:00

Ⓟ 베이징 덕 HK$1680, 룽콩치킨 반 마리 HK$400

Lung King Heen 龍景軒
룽킹힌

홍콩 최고의 딤섬을 맛보고 싶다면 룽킹힌이 있는 센트럴로 향해 보자. 세계 최초 미쉐린 가이드 별 3개를 받은 중식당으로 전 세계에서 공급받은 신선한 재료로 가장 세련된 식감을 선사한다. 창문 너머로 펼쳐지는 빅토리아 하버 전망과 함께 음식을 즐기고 있노라면 눈과 입은 더욱 바빠진다. 이곳의 대표 메뉴로는 전복 소스를 아낌없이 활용한 피시 모우 캐서롤도 있지만 점심에만 맛볼 수 있는 딤섬 메뉴가 대체로 유명하다. 특히 고소한 버터 맛이 일품인 전복 타르트, 랍스터와 관자에 새우 한 마리를 통째로 올린 랍스터 슈마이가 인기 메뉴다.

ⓒ MTR Central역 A 출구에서 도보 9분
Ⓐ 4/F, Four Seasons Hotel Hong Kong, 8 Finance St, Central
Ⓗ 점심 월~금요일 12:00-14:30, 토~일요일, 공휴일 11:30-15:00, 저녁 매일 18:00-21:00
Ⓟ 평일 점심 기준 전복 타르트 HK$99, 랍스터 슈마이 HK$95

Ho Hung Kee 何洪記
호흥키

1946년 개업 이후 세대를 이어온 로컬의 자부심을 담은 맛집이다. 단순한 한 끼를 넘어 홍콩의 정통 완탕면의 표준을 만들었다는 평가를 받으며 작은 노점에서 시작해 미쉐린 1스타를 획득한 최초의 완탕면 전문점이라는 기록도 지니고 있다. 대표 메뉴는 쫄깃한 면에 맑고 깊은 육수를 더한 완탕면과 더불어 재료 본연의 풍미를 살려 은은하면서도 만족스러운 홍콩식 콘지다. 튀긴 도삭면과 볶음 요리, 가벼운 딤섬류까지 모두 군더더기 없는 맛으로 처음 방문하는 여행자에게도 친숙하게 다가온다. 현대적인 하이산 플레이스 매장으로 확장했지만 여전히 홍콩의 일상적 미식을 가장 정직하게 보여주는 곳으로 사랑받고 있다.

ⓒ MTR Causeway Bay역 F2 출구에서 도보 1분 하이산 플레이스 12층
Ⓐ 12F, Hysan Place, 500 Hennessy Rd, Causeway Bay
Ⓗ 매일 11:00-22:00
Ⓟ 새우완탕면 HK$67, 돼지고기 콘지 HK$80

Amber
앰버

홍콩에서 미쉐린 3스타의 영예를 누리는 7곳의 파인 다이닝 중 하나. 무려 16년간이나 미쉐린 2스타를 유지하다 2025년 마침내 3스타로 승격되며 한 단계 더 인정받았다. 네덜란드 출신의 셰프 리처드 에케버스Richard Ekkebus가 이끄는 주방은 정통 프렌치 테크닉을 바탕으로 지역의 재료와 지속 가능한 요리 철학을 결합해 놀라운 미식 경험을 만들어낸다. 홍콩에서 가장 먼저 맛봐야 할 파인 다이닝이라는 입소문이 나면서 예약 자체가 도전이 되어버린 식당이다.

ⓖ 센트럴 더 랜드마크 만다린 오리엔탈 호텔 7층
ⓐ 7F, The Landmark Mandarin Oriental Hotel, 15 Queen's Rd Central
ⓗ 월~일요일 12:00-13:45, 18:00-24:00
ⓟ 앰버 익스피리언스 세트 평일 점심 HK$928~, 주말 점심 HK$1168

Beefbar Hong Kong
비프바 홍콩

모나코에서 시작된 고급 스테이크 하우스 체인으로 홍콩 최대의 번화가 센트럴에 위치했다. 2015년 문을 연 이후 품질 높은 소고기(미국, 호주, 일본, 한국 등)와 세련된 분위기로 빠르게 이름을 알렸는데 무엇보다 오픈 2년 만인 2017년부터 지금까지 꾸준히 미쉐린에서 별 1개를 유지하면서 명성을 이어오고 있다. 실내는 대리석과 가죽 인테리어를 활용해 고급스럽고 현대적인 분위기를 자아낸다. 스테이크류 외에도 타르타르, 세비체 등 다양한 메뉴가 고루 인기 있으며 와인 리스트도 꽤나 훌륭하게 갖춰져 있다.

ⓖ MTR Central역 H 출구에서 도보 4분
ⓐ 2/F, Club Lusitano, 16 Ice House St, Central
ⓗ 월~토요일 12:00-14:30, 18:30-22:30, 일요일 휴무
ⓟ 립 아이 캡(200g) HK$820, 와규 필레(200g) HK$880

Reasonable Price,
Michelin Bib Gourmand

합리적인 가격, 미쉐린이 보증한 맛,
미쉐린 빕 구르망

**맛과 정성은 기본,
합리적인 가격까지 갖춘
똑똑하고 현명한 미식의 바이블
미쉐린 빕 구르망.**

모두가 미쉐린 스타 다이닝을 꿈꾼다. 하지만 파인 다이닝 위주로 선정되는 미쉐린 스타 레스토랑을 매일같이 다니자니 주머니 사정이 여의치 않다. 이런 여행자들을 위한 훌륭한 대안이 있으니 이름하여 미쉐린 빕 구르망이다.

빕 구르망은 화려한 미쉐린 스타와 달리 일상의 식탁에서 쉽게 접하는 맛의 가치를 담아낸다. 지역의 특색, 정성 어린 손맛, 그리고 가격 이상의 만족감까지 꼼꼼히 따져보고 평가를 내리기 때문에 스타 레스토랑보다 더욱 치열한 경쟁을 거쳐 선별된 곳이라 해도 과언이 아니다. 현지인과 여행자 모두가 편안히 누릴 수 있는, 별의 영광 뒤에 존재하는 또 다른 맛의 세계를 소개한다.

홍콩의 미쉐린 빕 구르망 레스토랑

Cheung Hing Kee Shanghai Pan Fried Buns
祥興記上海生煎包
청힝키

Ⓖ MTR Tsim Sha Tsui역 A1 출구에서 도보 1분
Ⓐ 48 Lock Rd, Tsim Sha Tsui
Ⓗ 매일 09:00-21:00
Ⓟ 시그니처 군만두 4pcs/6pcs HK$42/63
Ⓤ cheung-hing-kee.shop

미쉐린 빕 구르망은 테이크 아웃만 가능한 레스토랑도 선정 대상이 되는데 대표적인 예가 바로 청힝키다. 이곳의 메인 메뉴는 상하이 스타일의 구운 만두. 이름 그대로 찌거나 삶은 방식이 아닌, 그렇다고 기름에 튀겨낸 것도 아닌, 뜨거운 팬 위에서 구워낸 만두를 판매한다. 좁은 공간에서 직원 서너 명이 쉴 새 없이 만두를 만드는데 수천 개의 만두가 남김 없이 하루에 모두 판매된다. 유리창 가득 붙은 미쉐린 스티커가 이 집 만두의 맛을 보장한다. 침사추이, 센트럴, 완차이, 몽콕 등 홍콩의 번화가마다 어김없이 지점이 들어서 어디서든 쉽게 접할 수 있다.

Mammy Pancake
媽咪雞蛋仔
마미 팬케이크

Ⓖ MTR Tsim Sha Tsui역 L6 출구에서 도보 8분
Ⓐ Shop KP13, 29&30, Salisbury Rd, Kowloon Point
Star Ferry Pier, Tsim Sha Tsui
Ⓗ 매일 11:00-22:30
Ⓟ 오리지널 HK$20, 바나나&초콜릿 HK$36

홍콩의 대표 길거리 간식인 에그 와플을 판매하는 가게 중 가장 유명한 브랜드다. 이 집의 에그 와플은 '겉바속촉'의 식감에 과하게 달지 않은 담백한 맛이 특징인데 오리지널은 물론 초콜릿, 녹차, 모카, 얼그레이, 피넛버터 등 무려 42종의 다양한 맛을 선사한다. 작은 노점 형태로 운영되며 미쉐린 빕 구르망에 선정될 만큼 품질과 인기를 인정받았다. 홍콩에만 17개 지점이 운영 중이며 특히 침사추이점은 여행자들이 많이 찾는 명소로 언제나 대기 줄이 이어진다. 페리 선착장 인근에 있어 페리를 기다리면서 가볍게 즐기기도 좋다.

Twist & Buckle
트위스트 & 버클

Ⓖ MTR Tsim Sha Tsui역 P3 출구에서 도보 2분
Ⓐ 29-31 Chatham Rd S, Tsim Sha Tsui
Ⓗ 일~목요일 12:00-22:30, 금~토요일 12:00-23:00
Ⓟ 오리지널 추로스 HK$30(소스 +$10), 밀크셰이크 HK$50

다양한 토핑으로 더욱 재미있게 즐길 수 있는 추로스 전문점으로 갓 나온 바삭한 추로스를 한 입 베어 무는 순간 여행의 피로는 눈 녹듯 사라진다. 추로스 하나로 까다로운 홍콩 사람들의 입맛을 사로잡기란 쉽지 않을 터, 미쉐린 역시 빕 구르망에 선정함으로써 이곳의 실력에 찬사를 보냈다. 시나몬과 설탕을 바른 오리지널 추로스도 기본에 충실한 맛이나, 그 외에 디핑 소스나 아이스크림과 곁들여 먹는 추로스도 일품이다. 토핑 종류가 많아 무엇을 고를지 고민된다면 7가지를 함께 맛볼 수 있는 박스 구성으로 구매하는 것을 추천한다.

Kai Kai Dessert 佳佳甜品
카이카이 디저트

Ⓖ MTR Jordan역 A 출구에서 도보 4분
Ⓐ 29 Ning Po St, Jordan
Ⓗ 매일 12:00-01:00
Ⓟ 영지감로 HK$45

현지인에게 사랑받는 디저트 가게다. 우리나라로 치면 미숫가루 혹은 죽과 비슷한 현지식 디저트를 판매하는데 미쉐린 빕 구르망에 선정되면서 유명 맛집으로 거듭났다. 메뉴 특성상 여름에 더 인기가 좋지만 뜨겁게도 즐길 수 있어 겨울에 먹어도 그만이다. 추천할 만한 메뉴는 영지감로Mango Sago with Pomelo로 망고 특유의 새콤달콤한 맛이 일품이다.

Samsen
삼센

Ⓖ MTR Wan Chai역 D 출구에서 도보 6분
Ⓐ 68 Stone Nullah Ln, Wan Chai
Ⓗ 매일 12:00-15:00, 18:00-22:00
Ⓟ 삼센 포크 보트 누들 수프 HK$158, 팟타이 누들 HK$158
Ⓤ www.samsen-hk.com

완차이에 자리한 태국 요리 전문점으로 방콕의 분위기를 그대로 옮겨온 듯한 활기찬 공간이다. 팟타이, 커리, 똠얌꿍 등 태국의 대표 요리들을 정통 방식으로 선보이는데 태국에서 공수한 재료로 현지의 풍미를 그대로 살려 미쉐린 빕 구르망에 선정되었다. 시그니처 메뉴는 진한 돼지고기 국물과 쌀국수의 조화가 매력적인 '삼센 포크 보트 누들 수프'다.

Asia's Best Bars
아시아 베스트 BAR 50

도무지 그냥은 잠들 수 없는 홍콩의 밤.
네온사인이 반짝이는 거리를 배회 중이라면
바에서 칵테일 한 잔 기울이고 싶어진다.
이렇게 여행의 밤이 깊어간다.

밤의 홍콩은 낮과는 또 다른 얼굴을 보여준다. 화려한 스카이라인을 배경으로 펼쳐지는 홍콩의 바 문화는 다양성과 실험 정신으로 가득하다. 전통과 현대가 공존하는 이 도시에서는 클래식 칵테일을 세련되게 재해석한 바에서부터, 지속 가능성을 앞세운 실험적 공간까지 독창적인 시도를 만날 수 있다. 아시아 베스트 바 50에 이름을 올린 곳들이 모여 있는 도시답게, 한 잔의 칵테일은 단순한 음료가 아니라 도시와 시대를 담아내는 예술이 된다. 홍콩의 밤을 제대로 경험하고 싶다면, 바에서의 시간을 빼놓을 수 없다.

추천 홍콩 바

Bar Leone

ⓖ MTR Sheung Wan역 A2 출구에서 도보 9분
ⓐ 11-15 Bridges St, Central
ⓗ 화~일요일 17:00-24:00, 월요일 휴무
ⓟ 올리브 오일 사워 HK$160, 유자 네그로니 HK$140
ⓤ www.barleonehk.com

Dark Side

ⓖ MTR East Tsim Sha Tsui역 J 출구에서 도보 7분
ⓐ Rosewood Hong Kong Victoria Dockside, 18 Salisbury Rd, Tsim Sha Tsui
ⓗ 일~목요일 17:00-24:00, 금~토요일 17:00-01:00
ⓟ 코냑 HK$180, 칵테일 HK$170~
ⓤ www.rosewoodhotels.com/en/hong-kong/dining/darkside

바 레오네

2023년 소호에 처음 문을 열고 이듬해 바로 아시아 베스트 바 50에서 당당히 1위를 차지한 저력의 바다. 서울의 찰스H에서도 있었던 유명 믹솔로지스트 로렌조 안티노리Lorenzo Antinori가 운영하는 곳으로 그의 고향인 이탈리아의 바를 그대로 홍콩으로 옮겨 왔다. 칵테일 포폴라리Cocktail Popolari(널리 사랑받는 칵테일)라는 콘셉트 아래 진정성 있는 칵테일을 중심으로 트위스트를 더한 메뉴를 선보인다. 내부는 로마의 동네 바를 연상시키는 따뜻한 느낌으로 꾸며져 있으며, 전체적으로 유럽의 감각이 짙은 분위기다. 대표 메뉴로는 올리브 오일 사워, 유자 네그로니 등이 있다.

다크 사이드

빅토리아 하버의 환상적인 전망을 지닌 세련되면서도 독특한 칵테일 바로, 매일 오후 8시부터 펼쳐지는 매혹적인 라이브 재즈 공연(금~토요일, 오후 8시 30분 이후)과 어우러져 우아한 경험을 선사한다. 2024년 기준 아시아 베스트 바 50곳 중 17위로 호평을 받았으며 바텐더가 블렌딩한 코냑, 꽃과 계절을 투영한 클래식 칵테일 메뉴 등 방대한 라이브러리를 자랑한다. 이 중에서 골라도 좋지만, 무엇을 마실지 고민된다면 마작 박스의 주사위를 굴려 메뉴를 선택해봐도 좋다. 안주로 다크 사이드만의 수제 초콜릿을 맛볼 수 있으며, 빈티지 시가도 이용 가능하다.

Argo

Ⓖ MTR Central역 A 출구에서 도보 9분
Ⓐ G/F, Four Seasons Hotel Hong Kong, 8 Finance St, Central
Ⓗ 월~목요일 17:00-01:00, 금~토요일 17:00-02:00, 일요일 휴무
Ⓟ 파인애플 하이볼 HK$175, 마리골드 마티니 HK$175
Ⓤ www.fourseasons.com/hongkong/dining/lounges/argo

아르고

포시즌스 홍콩의 음료 매니저 페데리코 발차리니
Federico Balzarini가 이끄는 아르고는 그리스신화에서
제이슨과 아르고호가 황금 양피를 찾아 나섰던 여정을
이름으로 삼았다. 단순한 바를 넘어 음료 문화의 미래를
탐구하며 개점 4년 만에 아시아 베스트 바 50에서 11위
를 차지하는 쾌거를 이루었다. 아르고는 아시아산 재료
에 주목한다. 카카오와 금귤 등 다양한 재료를 조합해
선보이는 콤비네이션부터 재스민 향을 더한 파인애플
등 신선한 시도가 돋보이는 메뉴가 많다. 현시점 홍콩
에서 가장 빠른 속도로 진화를 이어가고 있는 혁신적인
바라고 할 수 있다.

Penicillin

Ⓖ MTR Sheung Wan역 A2 출구에서 도보 10분
Ⓐ Amber Lodge, 23 Hollywood Rd, Central
Ⓗ 월~토요일 17:00-02:00, 일요일 17:00-01:00
Ⓟ 원 페니실린 원 트리 HK$125, 웨어 노 이블 HK$125
Ⓤ www.penicillinbarhk.com

페니실린

독특하게도 탄소 배출 0%를 목표로 지속 가능한 재료
와 직접 만든 진을 활용해 칵테일을 만드는 바다. 화학
실험실을 연상케 하는 도구들과 내부 디자인 덕에 심상
치 않은 분위기가 감지되는데, 규모는 작지만 내실 있
는 바로 2025년 기준 아시아 베스트 바 50에서 27위
에 랭크되었다. 홍콩 최초의 Closed-loop Sustainable
Bar(폐기물 제로 바)로 알려져 있으며 현지 재료와 발효
기법을 적극 활용한다. 메뉴 이름 역시 'One Penicillin,
One Tree', 'Hot, Flat & Crowded'와 같이 이를 데 없이
독창적이다. 묵직한 분위기보다 캐주얼하고 재미있는
바를 찾는다면 추천할 만한 곳이다.

Vanishing Street Stalls, Dai Pai Dong

사라져가는 홍콩식 포장마차, 다이파이동

사라져가는 문화라 하지만
그럼에도 밤만 되면 어김없이 만원이다.
러닝셔츠 차림의 주인장이 담배를 입에 물고 웍을 돌리고
사람들의 광둥어가 골목 가득 울려 퍼진다.
여행자가 다이파이동을 찾아야 하는 이유다.

다이파이동大牌檔은 노상에 자리를 펴고 술과 음식을 파는 곳, 우리 식으로 하면 포장마차를 의미한다. 다만 우리네 포장마차가 간단한 간식거리 위주로 판매한다면 홍콩의 다이파이동은 좀 더 복잡하고 화려한, 그러니까 꽤나 요리다운 요리를 판매한다. 홍콩 정부는 다이파이동을 100여 년 전부터 관리해왔는데 1970년대만 해도 100개가 넘었던 다이파이동은 현재 17곳밖에 남지 않았다. 미관상의 이유로, 또는 통행 불편이나 위생 등의 이유로 다이파이동 면허 발급을 중단했기 때문인데 그래서 요즘의 홍콩 사람들에게 다이파이동은 사라져가는 추억으로 자리 잡았다. 그나마 현재 남은 17곳 역시 이제는 상속만 가능해 없어질 일만 남았다. 을지로 뒷골목 특유의 노포 감성을 즐기는 여행자라면 기꺼이 다이파이동을 추천한다.

추천 다이파이동

Sing Kee

盛記

싱키

© MTR Sheung Wan역 E2 출구에서 도보 6분
Ⓐ 82 Stanley St, Central
Ⓗ 월~토요일 11:00-15:00, 18:00-23:00, 일요일 휴무
Ⓟ 칠리 후추 오징어튀김 HK$58, 탕수육 HK$52

촘촘히 들어선 파라솔과 불편한 간이 의자, 골목 전체에 퍼지는 자욱한 연기와 불 향까지 상상할 수 있는 다이파이동의 조건을 모두 갖춘 다이파이동의 교과서와도 같은 곳이 있으니 바로 싱키다. 국내 먹방 프로그램에 여러 차례 소개되면서 한국인 여행객에게도 인기를 끌고 있다. 대기자를 위한 의자를 따로 마련했을 만큼 웨이팅이 기본이지만 회전율이 빨라 기다림이 오래 걸리진 않는다. 메뉴판에 없는 음식도 판매하고 있어 대부분의 여행객은 현지인이 먹는 걸 보고 동일하게 주문하는 방식으로 이용한다.

Naughty Fun of Travel, Street Snacks

자유여행의 '불량한' 재미
길거리 간식

**여행자에겐 신선한 도전,
이 도시를 살아가는 사람들에겐 소중한 먹거리.
소박하지만 강렬하게
허기를 달래는 한 입이자
여행의 재미를 쌓는 맛의 풍경.**

주전부리의 불량한 매력을 빼고 자유여행의 재미를 논할 순 없는 법, 때로는 분위기 좋은 레스토랑보다 길거리 간식이 도시의 맛을 정의하기도 한다. 낯선 모습에 좀처럼 손이 가지 않을 때도 있지만 용기를 내 도전해보자. 저렴한 금액은 물론 중독성 강한 맛에 끌려 어느새 다시 찾게 될지 모른다.

1

까이딴자이
雞蛋仔

벌집 모양 틀에 달걀 반죽을 넣고 구워낸 것으로 홍콩에서 가장 흔한 길거리 간식이다. 에그 와플이라는 간단한 이름으로도 불리며, 생크림이나 초콜릿 등의 토핑을 얹은 것 녹차 가루를 넣고 반죽한 것 등 다양한 변주가 있다.

3

도우푸파
豆腐花

순두부 위에 달콤한 시럽을 얹은 것으로 따뜻하게, 또는 차갑게 먹을 수 있다. 시럽은 기본 황설탕부터 생강 맛 등 다양하며 시럽 외 참깨나 단팥을 고명으로 올릴 때도 있다.

2

허유산 망고 주스
許留山

생망고를 갈아서 만든 망고 주스. 날씨가 덥고 습한 홍콩에서 이런 주스야말로 가장 필요한 간식일지 모른다. 홍콩 어디서든 쉽게 접할 수 있는 과일 주스 브랜드 '허유산'에서 판매하며 주스 외에도 망고를 활용한 다양한 간식을 만날 수 있다.

5

운자이치
碗仔翅

일명 페이크 삭스핀이라 불리는 운자이치. 삭스핀 재료는 하나도 들어가지 않았지만 생김새와 맛이 비슷해 그렇게 불린다. 중국식 당면과 목이버섯, 표고버섯 등으로 맛을 냈는데 생각보다 든든하고 맛도 좋아 아침 식사 대용으로도 좋다.

4

카레이위단
咖喱魚蛋

어묵을 기본으로 각종 채소와 게살, 소시지 등을 첨가해 고추기름이나 카레 소스에 담가 먹는 방식이다. 매콤한 소스를 넣은 만큼 우리나라 어묵보다 칼칼한 맛이 강하다.

7

차입딴
茶葉蛋

삶은 달걀의 껍질을 살짝 깨뜨린 후 다시 차와 향신료 등과 함께 푹 끓여 만든 음식이다. 달걀 껍질에 생긴 균열이 대리석 같은 무늬를 만들어 '마블 에그'라고도 불리는데 맛은 우리나라 맥반석 달걀과 비슷하다.

6

응아우잡
牛雜

무와 함께 푹 끓인 소고기 내장 요리다. 천엽, 양과 같은 위장과 심장, 간, 폐 등의 내장을 푹 삶은 무와 함께 한 그릇 골고루 담아준다. 특유의 냄새 때문에 호불호가 갈리는 메뉴다.

8

창펀
腸粉

딤섬집에서 파는 소가 가득 든 창펀이 아닌 길거리 간식 창펀은 속에 아무것도 넣지 않고 쪄낸 쌀가루 피를 떡볶이처럼 돌돌 말아 먹는 방식이다. 땅콩 소스나 매콤한 고추기름 같은 다양한 소스를 뿌려 먹는다.

9

처우더우푸
臭豆腐

발효된 두부를 바삭하게 튀긴 후 칠리소스 등을 곁들여 먹는다. 냄새가 지독해서 쉽게 손이 가진 않지만 부드럽고 고소한 반전미 가득한 메뉴다. 한입 베어문 순간 입안에 퍼지는 오묘한 향을 즐길 수 있다면 강추!

10

시우마이
燒賣

딤섬집에서 판매하는 돼지고기로 만든 시우마이가 아니라 어묵으로 만든 저렴한 버전이다. 간장이나 매콤한 소스를 뿌려 먹는데 불량 식품처럼 어딘가 모르게 끌리는 맛에 반하게 된다.

HONG KONG SHOPPING

여행 선물 고민 끝!
홍콩 기념품 열전

여행을 마치고 집으로 돌아갈 때 어떤 기념품을 사면 좋을까 고민하고 있다면?
'홍콩 여행' 하면 누구나 떠올리는, 지금 현지에서 가장 핫한 아이템을 모아보았다.

Drugstore
드러그스토어

WHAT
무엇을 살까?

1

2

3

4

5

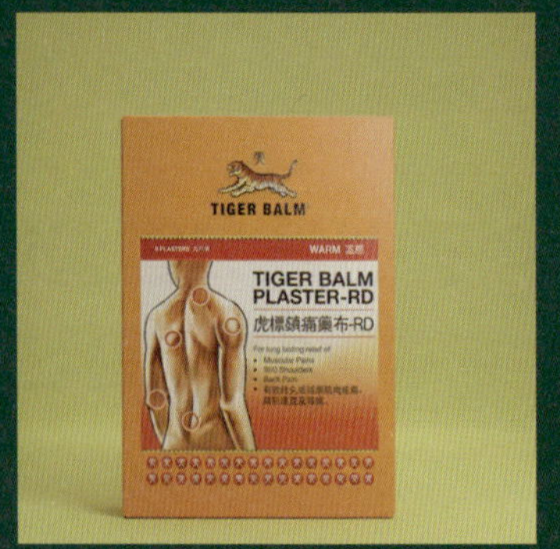

6

7

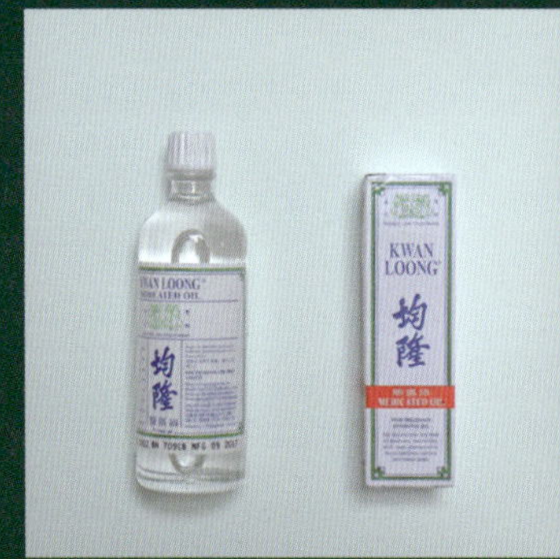

1

미니어처 향수와 화장품

홍콩의 드러그 스토어에는 여행용으로 딱 좋은 미니 사이즈 향수와 화장품이 다양하게 구비되어 있고, 명품 브랜드 제품도 많아 선물용으로도 제격이다.

2

포차이필
保濟丸

청나라 때부터 내려오는 홍콩 사람들의 상비약이다. 소화제와 두통약으로 많이 알려졌지만 숙취에도 도움을 준다.

3

화흥 백화유
和興白花油

레트로풍 무늬가 매력 포인트! 시원한 멘톨 향이 청량감을 준다. 벌레에 물리거나, 가려운 부위에 2~3방울 떨어뜨린 후 마사지하듯 문질러주면 이내 시원함을 느낄 수 있다.

4

크랩트리 & 에블린 핸드크림
Crabtree & Evelyn

한때 고소영 핸드크림으로 불렸던 크랩트리 & 에블린을 우리나라 온라인 몰보다 50%가량 저렴하게 구매할 수 있다. 6개, 12개짜리 선물용 세트는 하나씩 나눠 주기에 좋다.

5

타이거밤 연고
虎猫膏

화흥 백화유와 같이 벌레에 물렸거나 가려운 부위에 바르는 연고다. 홍콩 사람들에게는 일종의 만병통치약으로 두통이나 복통에도 바르면 효과가 있다고 믿는다.

6

타이거밤 파스
虎標鎮痛藥布

우리나라 파스와 달리 접착력이 좋지 못하다는 것이 한 가지 단점이지만 시원함만큼은 기대 이상이다. 금액도 저렴해 부담 없이 구입하기 좋다.

7

콴룽오일
關龍藥油

홍콩과 동남아에서 사랑받는 클래식 멘톨 오일로 상쾌한 향과 빠른 흡수감이 특징이다. 근육 뭉침부터 두통, 코막힘 완화까지 일상 속 작은 불편을 가볍게 진정시켜주는 응급 아이템이다.

Mannings
매닝스

하버 시티점
ⓖ 침사추이 하버 시티 3층
Ⓐ Shop 3304, 3F, Gateway Arcade,
Harbour City, 3-27 Canton Rd, Tsim
Sha Tsui
Ⓗ 매일 09:30-22:00

다양한 화장품과 간식거리를 판매하는
곳으로 웰컴 슈퍼마켓에서 운영하는 브
랜드다. 홍콩 전역에 300여 개 매장이
성업 중이다.

Sa Sa
샤샤

센트럴점
ⓖ MTR Central역 D1 출구에서 도보 2분
Ⓐ Shop No. A & B, Yip Fung Building,
2-10 D'Aguilar St, Central
Ⓗ 매일 10:30-21:00

다른 기념품보다 화장품에 집중하고 싶
다면 가장 먼저 공략해야 하는 곳이다.
전 세계 곳곳의 유명 화장품 브랜드를
취급하는데 샘플이나 미니어처 향수 등
이 많아 부담 없이 고르기 좋다.

Bonjour
봉주르

침사추이점
ⓖ MTR Tsim Sha Tsui역 E 출구에서
도보 1분
Ⓐ Chungking Mansion, G/F, 36-44
Nathan Rd, Tsim Sha Tsui
Ⓗ 매일 08:30-20:00

다른 드러그스토어에 비해 매장 수도 적
고 다루는 품목도 한정적이지만 금액이
저렴하다는 점에서 사야 할 품목이 많지
않은 여행객에게 추천하는 곳이다. 홍콩
전역에 40여 개 매장이 운영 중이다.

맛도, 모양도 일품인 홍콩 과자,
당신의 선택은?

홍콩 여행의 기념품 중 가장 유명한 것이 바로 과자다. 맛도 좋지만 틴케이스도 예뻐 선물용으로 더없이 좋은 선택이 된다.
홍콩에서 가장 유명한 쿠키인 기화병가와 제니쿠키를 소개한다.

Jenny Bakery
제니 베이커리

침사추이점
◎ MTR Tsim Sha Tsui역 N5 출구에서 도보 1분
Ⓐ Shop 42, 1/F, Mirador Mansion, 62, Nathan Rd, Tsim Sha Tsui
Ⓗ 매일 10:00-19:00

센트럴점
◎ MTR Sheung Wan역 E1 출구에서 도보 1분
Ⓐ 15 Wing Wo St, Sheung Wan
Ⓗ 매일 10:00-19:00

동그란 틴케이스 뚜껑을 열면 진한 버터 향이 풍긴다. 입에 넣는 순간 사르르 녹아버리는 마성의 매력을 간직한 쿠키로 금액이 다소 비싸긴 하나 여러 개 들어 있어 넉넉히 두고 먹기 좋다. 홍콩에서 판매하는 매장은 침사추이와 센트럴 단 두 곳뿐, 정식 매장이 아닌 길거리에서 판매하는 것은 모두 가짜이니 주의해야 한다. 언제 가도 사람이 많아 기본 1시간은 기다려야 구할 수 있다.

Kee Wah Bakery
奇華餅家
기화병가

◎ **침사추이점** MTR Tsim Sha Tsui역 B2 출구에서 도보 3분
Ⓐ Golden Glory Mansion, Shop D, G/F, 16 Carnarvon Rd,
Tsim Sha Tsui
Ⓗ 월~금요일 09:00-21:00, 토~일요일 10:00-21:00(매장별 다름)

1938년에 처음 선보인, 80년이 넘는 역사를 자랑하는 홍콩의 대표 쿠키다. 판다 얼굴을 닮은 틴케이스 안에 판다 모양의 쿠키 18개가 들어 있는데 개별 포장이라 오래 두고 먹기 좋으며 오도독 씹히는 식감도 좋다. 많이 달지 않고 담백한 맛이라 어른들도 좋아할 만하다. 판다 외 코알라와 펭귄 모양의 쿠키도 판매한다. 공항을 비롯해 홍콩 곳곳에 매장이 있어 쉽게 구할 수 있다.

Supermarket

슈퍼마켓

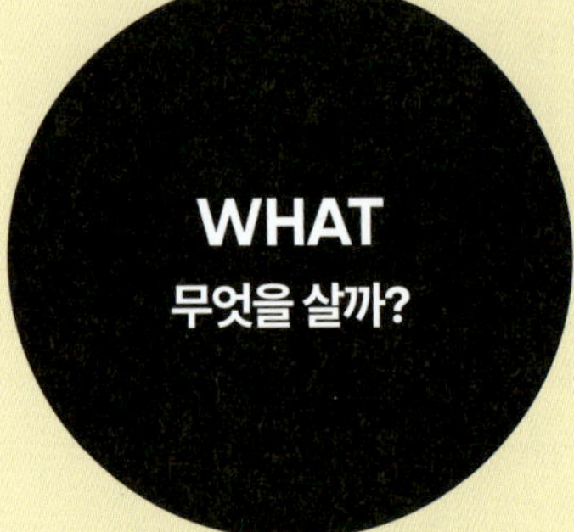

WHAT
무엇을 살까?

❶ 홍차 티백

립톤 티는 한국에서도 쉽게 구할 수 있지만 홍콩에서는 더 많은 종류의 립톤을 더 저렴한 금액으로 구할 수 있다. 좀 더 고급스러운 브랜드로는 TWG나 쿠스미Kusmi도 추천할 만하다.

❷ 이금기 소스 李錦記

굴 소스 베이스의 홍콩 스타일 양념으로 다양한 음식에 넣으면 감칠맛을 더해준다. 수많은 제품 중 XO소스와 칠리소스가 가장 인기이며, 한국인 여행객이 많이 찾아 한국인 입맛에 맞는 양념을 따로 개발했을 정도다.

❸ 블루걸 맥주 Blue Girl Beer

한국의 OB 맥주가 만들어 중화권에서만 판매하는 블루걸 맥주. 홍콩에서 판매 1위를 차지할 만큼 인기가 좋다.

❹ 영 마스터 브루어리
Young Master Brewery

수제 맥주가 인기인 홍콩. 수많은 브루어리 맥주 가운데 가장 유명한 것이 바로 영 마스터 브루어리다. 슈퍼마켓에서도 구입 가능하다.

❺ 블랙 & 화이트 무가당 연유
Black & White

홍콩식 밀크티의 핵심 재료 중 하나로 1940년 론칭한 네덜란드의 유제품 기업 프리슬란드 캄피나Friesland Campina의 제품이다.

6 초면왕 炒麵王

홍콩에서 가장 유명한 인스턴트 라면 브랜드인 DOLL사의 볶음 라면이다. 컵라면 용기에 담겨 있으며 칠리소스 맛, 마라 맛 등 다양한 종류를 판매한다. 홍콩 스타일의 볶음면을 그대로 재현해 외국인에게도 인기가 많다.

7 닌지옴 허브 캔디

念慈菴 Nin Jiom

닌지옴은 홍콩에서 가장 유명한 한약 제조 업체 중 하나다. 닌지옴에서 만드는 허브 캔디는 목 안을 촉촉하게 보호해줘 목을 많이 쓰는 사람에게 선물하면 좋다.

WHERE
어디에서 살까?

Wellcome 惠康
웰컴 슈퍼마켓

코즈웨이 베이점
Ⓖ MTR Causeway Bay역 D2 출구에서 도보 1분
Ⓐ 25-29, Great George St, Causeway Bay
Ⓗ 24시간 영업

홍콩 전역에 280여 개 매장을 운영 중인 가장 대중적인 슈퍼마켓 체인이다. 다른 브랜드의 슈퍼마켓에 비해 금액이 저렴해 실속 있는 쇼핑을 원한다면 웰컴 슈퍼마켓만 공략하면 된다.

City'super
시티슈퍼

하버 시티점
Ⓖ 침사추이 하버 시티 3층
Ⓐ Shop 3001, 3F, Gateway Arcade, Harbour City, 3-27
Canton Rd, Tsim Sha Tsui
Ⓗ 매일 10:00-22:00

웰컴 슈퍼마켓과 달리 고급 전략을 펼치는 슈퍼마켓이다. 금액이 다소 나가지만 구하기 힘든 아이템 위주로 선보이고 있다. 믹스 커피, 차, 와인, 맥주 등을 구매하기 가장 좋은 곳이다.

홍콩에서 꼭 사 오는
기념품 & 선물

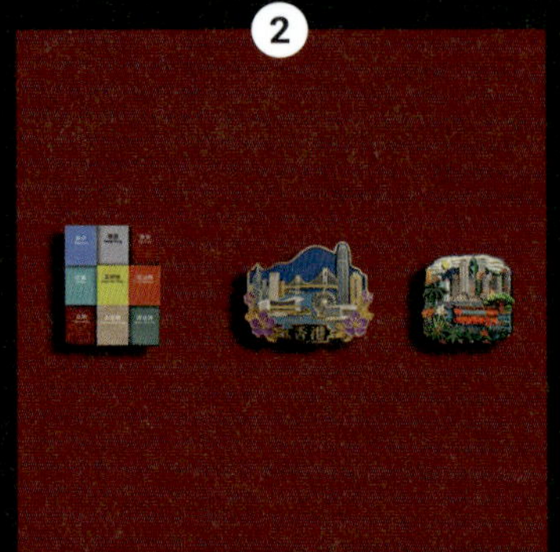

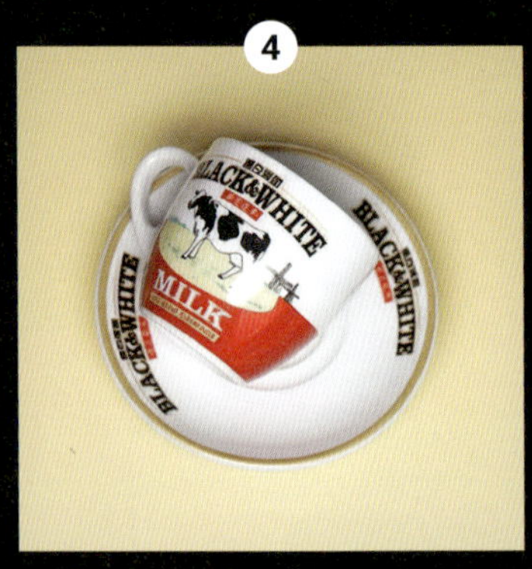

❶ 미니어처 홍콩 택시

홍콩의 택시는 종류에 따라 빨간색, 초록색, 파란색으로 나뉜다. 특히 주요 시내에서 보이는 빨간색 택시는 뉴욕의 옐로캡, 런던의 블랙캡처럼 홍콩의 상징 중 하나로 통한다. 미니어처 택시라면 어린이를 위한 선물로 그만이다.

❷ 마그넷

여행 기념품으로 마그넷만 한 게 또 있을까? 아쿠아루나, IFC, 딤섬, 이소룡, 차찬텡 등 홍콩을 상징하는 다양한 문양을 갖추고 있어 홍콩을 기억하기에 그만이다. 가격도 비교적 저렴해 몇 개씩 구입해도 부담이 적다.

❸ 만다린 오리엔탈 홍콩의 장미 잼

조금 더 신경 써야 하는 지인이라면 장미 잼을 추천한다. 150g짜리가 HK$270가량으로 살짝 부담스러운 금액이지만 만다린 오리엔탈 홍콩 호텔 내 케이크 숍에서만 판매해 흔하지 않아서 더욱 값어치 있다.

❹ 차찬텡 밀크티 컵

홍콩 대부분의 차찬텡 가게에서 접할 수 있는 밀크티 컵이다. 블랙 & 화이트의 무가당 연유와 같은 무늬로 역시 네덜란드에서 처음 만들어졌지만 홍콩 것으로 착각이 들 만큼 홍콩에서 유명하다.

❺ 카멜 진공 보온병 Camel

왕가위 감독의 영화 〈2046〉에서 양조위가 사용하던 보온병. 바로 1940년 홍콩에서 설립된 카멜Camel 사의 진공 보온병이다. 모델 147이 가장 유명하지만 그 밖에 다양한 모양과 색상이 있어 선물용으로 그만이다.

Souvenir Shops

홍콩의 기념품 가게

G.O.D

지.오.디 G.O.D

홍콩 로컬 라이프스타일 디자인 숍이다. G.O.D는 Goods of Desire의 약자로 갖고 싶은 모든 굿즈를 취급한다는 의미다. 홍콩 외 다른 어디에서도 찾아볼 수 없는 독특한 디자인을 추구하는데 특히 홍콩 밤거리의 네온사인에서 영감받아 디자인한 컵과 우산, 쿠션 등이 시그니처 굿즈다. 홍콩에서의 추억을 가득 담은 티셔츠, 액세서리, 가방, 찻잔 등 실용적인 물품은 가격 또한 합리적이라 선물용으로 그만이다.

Ⓒ MTR Central역 D2 출구에서 도보 9분
Ⓐ 48 Hollywood Rd, Central
Ⓗ 매일 10:00-20:00(매장별 다름)
Ⓤ god.com.hk/

Shiu Shing Hong 兆成行

시우싱홍 향료 가게

50년 이상 이어져온 향유, 에센셜 오일 전문점이다. 이
곳의 특징은 일반 향수와 달리 특정 지역의 향기를 취
급한다는 것. 각 호텔과 쇼핑몰 내부 향을 재현했는데
단순히 비슷한 수준이 아닌 놀랍도록 똑같은 향기가 나
서 여행을 추억하기에 이보다 좋을 수 없는 물건으로
사랑받고 있다. 작은 병이 HK$80 수준이라 비교적 부
담 없는 금액으로 마음껏 홍콩을 추억할 수 있다.
오후 4시 이후에는 시향 없이 구매만 가능하기
때문에 이른 시간 방문을 추천한다.

ⓖ MTR Sheung Wan역 A2 출구에서 도보 4분
ⓐ 130A Jervois St, Sheung Wan
ⓗ 월~토요일 09:30-17:30, 일요일 휴무
ⓤ www.shiu-shing.com.hk

Elegant Tang Dynasty 錦繡唐朝

엘리건트 탱 다이너스티

여행객을 위한 기념품 및 라이프스타일 숍으로 홍콩
특유의 문화적 느낌을 살린 재미난 상품을 폭넓게 구
비하고 있다. 특히 홍콩 스타일의 마그넷이 많은데 다
른 기념품 숍의 마그넷보다 센스 있는 디자인의 제품
이 많아 구경하는 재미가 남다르다. 금액 또한 합리적
인 수준이라 선물이나 기념품을 찾는다면 방문 가치
가 충분한 곳이다. 여러 개를 구입하면 할인을 해주는
등 인심 또한 좋은 가게다.

ⓖ MTR Tsim Sha Tsui역 E 출구에서 도보 1분
ⓐ Shop E1, Alpha House, 27-33 Nathan Rd, Tsim Sha
  Tsui
ⓗ 매일 08:30-23:00

Hak Dei 黑地

학데이

1960~1970년대 복고 감성을 살린 생활 잡화 편집
숍이다. 가게 안에는 대나무 찜기, 전통 도자기, 주철
와플 틀, 빈티지 머그잔과 손수 제작한 그릇 등 과거
동네 잡화점에서나 볼 법한 아이템이 즐비하다. 실용
적이면서도 오래된 디자인이라는 컨셉트로 단순한
잡화를 넘어 커피 도구, 캠핑용품, 글로벌 빈티지 제
품까지 큐레이션해 옛날 + 현대 감성을 동시에 느낄
수 있는 공간이다.

ⓒ MTR Mong Kok역 A2 출구에서 도보 2분
Ⓐ 618 Shanghai St, Mong Kok
Ⓗ 매일 12:00-20:00
Ⓤ www.hakdei.com

TAXIS
的士
HONG

KONG
TAXI

Tsim Sha Tsui
尖沙咀
침사추이

홍콩 섬의 센트럴 일대가 눈부신 발전을 거듭하며 홍콩의 새로운 얼굴로 거듭나고 있지만, 그럼에도 홍콩 최대의 중심 거리를 꼽으라면 맨 앞자리는 침사추이가 차지해야 한다. 제멋대로 들어선 골목과 오래된 건물마다 화려한 네온사인을 밝혀 정신이 혼미할 지경이지만, 이러한 무질서가 홍콩의 매력이라는 걸 느낀다면 진짜 홍콩을 즐길 준비가 된 것. 긴장을 내려놓고 침사추이의 인파 속으로 걸어 들어가보자. 여기가 바로 세계에서 가장 바쁜 도시, 홍콩이다.

Things to Do

스타의 거리 산책

빅토리아 하버를 바라보며 누리는 여유로운 산책, 그리고 휴식

K11 뮤제아 관람

센스 있는 인테리어로 압도하는 홍콩에서 가장 화려한 쇼핑몰

서구룡 문화 지구 방문

홍콩 최대 규모의 문화 인프라 서구룡 문화 지구에서 중국 전통 예술에 빠져보기

심포니 오브 라이트 감상

빅토리아 하버를 비추는 총천연색 레이저 쇼 '심포니 오브 라이트'

콘지 전문점 치케이

오랜 역사를 자랑하는 로컬 식당 치케이에서 완탕면과 게살 콘지 맛보기

하버 시티 쇼핑

공룡 같은 규모의 쇼핑몰 하버 시티에서 트렌디한 물품 쇼핑 및 구경

찾아가기

공항버스 A21, N21 이용 시 카메론 로드Cameron Rd, Nathan Rd, 킴벌리 로드Kimberly Rd, Nathan Rd 등 침사추이 중심가 아무 곳에서나 내리면 된다.

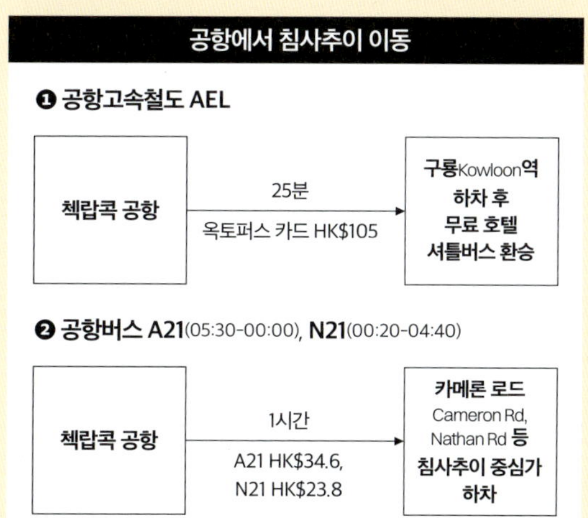

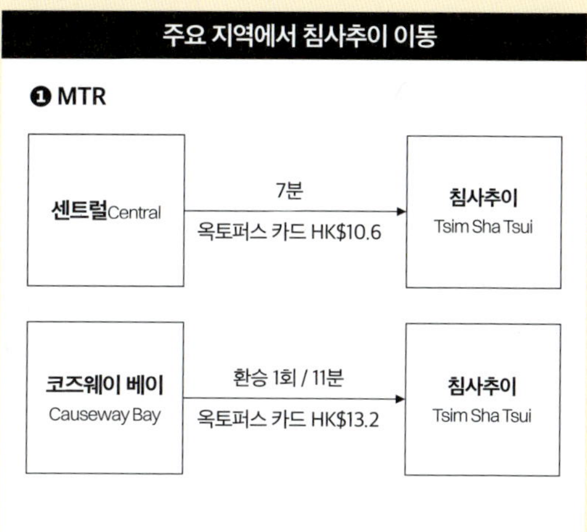

Avenue of Stars
星光大道
스타의 거리

홍콩 영화에 한 획을 그은 스타들의 핸드 프린팅과 아트 워크를 담아낸 산책로로, 4년간의 공사 끝에 2019년 재개장했다. 항구 방향으로 더 확장된 나무 난간은 특유의 곡선을 뽐내는 동시에 바다와의 경계를 흐리면서, 자연스레 여행자의 발목을 잡는다. 그 중심에서 이소룡 동상은 '홍콩의 딸' 매염방Anita Mui, 그리고 아기 돼지 캐릭터 맥덜McDull의 동상과 함께 여행자를 맞이한다.

ⓒ MTR East Tsim Sha Tsui역 J 출구에서 도보 5분
Ⓐ Ave of Stars, Tsim Sha Tsui

Clock Tower 尖沙咀鐘樓
시계탑

홍콩의 식민지 시대와 근대화를 상징하는 유서 깊은 건축물로 1915년에 건설되었다. 원래는 구 홍콩-광저우 철도의 종착역이었던 홍콩역의 일부였으나 철도역은 사라지고 시계탑만 현재까지 보존되어 홍콩의 중요한 상징물로 남았다. 44m 높이의 붉은 벽돌과 화강암으로 지어진 탑은 고전적인 유럽 스타일의 건축양식을 보여준다.

ⓒ 침사추이 스타페리 선착장에서 도보 2분
Ⓐ 10 Salisbury Rd, Tsim Sha Tsui

1881 Heritage
前水警總部
1881 헤리티지

빅토리아시대의 건축양식을 자랑하는 1881 헤리티지는 1994년까지 해양경찰 본부로 사용했던 역사적인 건물로, 개조 및 보존 작업을 통해 현재는 호텔을 포함한 쇼핑, 레스토랑 등 복합단지로 재탄생했다. 19세기 건물답게 외관은 클래식한 유럽 스타일로 아치형 창문과 발코니, 고풍스러운 기둥이 인상적이다.

Ⓖ MTR Tsim Sha Tsui역 L6 출구에서 지하 통로 이용 도보 3분
Ⓐ 2A Canton Rd, Tsim Sha Tsui

Hong Kong Cultural Centre
香港文化中心
홍콩 문화센터

홍콩의 예술과 문화를 한데 아울러 보여주는 장소로 해외 예술가들과 현지 예술가들이 만나는 공간이다. 2019석의 대극장, 1734석의 콘서트홀이 있으며 각 공간은 최고 수준의 음향과 조명 설비를 갖추고 있다. 예술에 관심이 많다면 문화센터에서 공연을 즐기거나 워크숍에 참여할 수 있는 기회를 가져볼 것을 권한다.

Ⓖ 침사추이 스타페리 선착장에서 도보 2분
Ⓐ 10 Salisbury Rd, Tsim Sha Tsui
Ⓗ 매일 09:00~23:00(공연 및 전시에 따라 다름)

Chungking Mansions
重慶大廈
청킹 맨션

1961년에 주거지로 설계되었지만 시간이 지남에 따라 다양한 복합 문화 공간이 더해졌다. 왕가위 감독의 영화 〈중경삼림〉에서 주인공 금성무가 마약 거래상 임청하를 쫓던 곳으로 등장해 영화 팬에겐 특별한 추억의 장소가 되었다. 하지만 한때 범죄의 온상이었던 건물이기 때문에 혼자서 무작정 들어가 건물 곳곳을 헤매는 것은 여전히 위험하다는 사실을 명심하자.

Ⓖ MTR Tsim Sha Tsui역 E 출구에서 도보 1분
Ⓐ 36-44 Nathan Rd, Tsim Sha Tsui

International Commerce Centre, ICC Tower

국제 상업 센터

높이 484m, 총 118층으로 홍콩에서 최초로 100층을 넘긴 마천 루이자 홍콩에서 가장 높은 빌딩이다. 오피스, 쇼핑몰, 호텔 등이 어우러진 복합 단지로 주요 명소로는 360도 파노라마 뷰를 자 랑하는 100층에 위치한 전망대, 스카이100Sky100을 꼽을 수 있다. 102층부터 118층까지는 리츠칼튼 홍콩The Ritz-Carlton, Hong Kong이 입점, 홍콩에서 가장 높은 호텔이자 세계에서 3번 째로 높은 호텔의 위상을 자랑한다.

ⓒ MTR Kowloon역 C, C1, C2 출구에서 연결
Ⓐ 1 Austin Rd W, Tsim Sha Tsui

Sky100 天際100
스카이100

홍콩의 가장 높은 건물에서 도시를 한눈에 내려다볼 수 있다면 어떨까? 홍콩에서 가장 빠른 엘리베이터와 함께 100층에 도착한 순간, 홍콩 섬과 구룡반도가 파노라마 처럼 눈앞에 360°로 펼쳐진다. 일몰과 함께 '심포니 오 브 라이트'를 감상하려는 사람이 붐비는 만큼 야경 명소 로도 유명하지만, 푸른 바다와 함께 부지런히 움직이는 홍콩의 하루를 보여주는 낮 풍경 또한 훌륭하다.

Ⓗ 매일 10:00-20:30(마지막 입장 20:00)
Ⓟ 성인 HK$198, 65세 이상, 3~11세 HK$128, 만 3세 미만 무료

A Symphony of Lights

밤하늘 춤추는 빛의 하모니
심포니 오브 라이트

2004년 시작되어 20년 넘게 빅토리아 하버의 밤을 환하게 밝혀온 레이저 쇼 심포니 오브 라이트! 매일 밤 8시가 되면 센트럴, 완차이, 침사추이에 밀집한 46개 빌딩이 흥겨운 음악에 맞춰 춤을 추듯 레이저를 발사한다. 세계 최대 규모의 레이저 쇼로 기네스에도 등재되었으며 14분간의 짧은 공연이지만 이를 보기 위해 침사추이 해변 산책로는 해가 지기 전부터 인산인해를 이룬다. 총 5개 섹션으로 이루어졌는데 1막은 자각Awakening, 2막은 에너지Energy, 3막은 유산Heritage, 4막은 협력Partnership, 5막은 축제Celebration이며 막이 바뀔 때마다 아나운서의 내레이션이 더해진다. 심포니 오브 라이트의 정석을 볼 수 있는 자리는 가장 많은 사람들이 몰리는 침사추이 해변 산책로다. 그중에서도 2층 데크의 벤치를 차지한다면 퍼펙트! 그러나 레이저 쇼의 역동성을 있는 그대로 느끼고 싶다면 스타 페리를 추천한다. 모든 빌딩이 한눈에 들어오는 것은 아니지만 빌딩 가까이에서 빛의 움직임을 생생히 관찰할 수 있다.

🕗 매일 20:00-20:14(날씨 등 당일 사정에 따라 전후 15분 정도 변경 가능)

Nobu
노부 | 일식 |

페루의 영향을 받은 퓨전 일식 레스토랑으로 바다에 온 듯한 착각을 불러일으키는 인테리어와 신선한 재료, 그리고 감각적 플레이팅으로 오감의 향연을 펼친다. 시그니처 메뉴로는 마늘 퓌레를 곁들인 옐로테일 할라피뇨, 크리미하고 매콤한 소스와 유자 드레싱을 곁들인 새우튀김이 있으며 미소를 발라 구워 깊은 풍미를 자랑하는 은대구구이 또한 빼놓을 수 없는 메뉴다.

ⓖ MTR East Tsim Sha Tsui역 J 출구에서 도보 4분
ⓐ 2/F, Regent Hong Kong, 18 Salisbury Rd, Kowloon
ⓗ 브런치 토요일 11:30-14:30, 디너 매일 18:00-23:00
ⓟ 옐로테일 할라피뇨 HK$250, 은대구구이 HK$380

Above & Beyond 天外天
어보브 & 비욘드 | 광둥 요리 |

파노라믹한 경관의 하버 뷰와 함께 광둥 요리를 즐기고 싶다면 이곳을 추천한다. 두툼하게 썰어 나오는 베이징 덕 디너 세트, 달걀흰자와 검은 송로버섯의 풍미를 부드럽게 결합한 웍 프라이드 랍스터 등 정통 광둥 요리에 변주를 준 메뉴로 여행자의 입맛을 사로잡는다.

ⓖ MTR Hung Hom역 A1 출구에서 도보 8분, 호텔 아이콘 28층
ⓐ 28/F, Hotel Icon, 17 Science Museum Rd, Tsim Sha Tsui East, Kowloon
ⓗ 점심 월~금요일 11:30-15:00, 토~일요일, 공휴일 11:30-13:00, 13:00-15:00, 저녁 18:00-23:00
ⓟ 베이징 덕 세트 HK$698, 웍 프라이드 랍스터 HK$368

Hutong 胡同

후통 | 사천요리 |

사천요리 전문점으로 입구에 들어서자마자 오리엔탈 스타일의 디
테일을 더한 인테리어가 정교함을 뽐낸다. 매운맛을 좋아하는 이
에게 후통은 더없이 훌륭한 선택이 될 것이다. 술을 즐긴다면 체리
로 담근 백주나 귤을 우려낸 술과 같은 시그니처 칵테일을 곁들여
도 좋다.

Ⓒ MTR East Tsim Sha Tsui역 K 출구에서 도보 2분
Ⓐ 18/F, H Zentre15 Middle Rd, Tsim Sha Tsui, Hong Kong
Ⓗ 브런치 토~일요일, 공휴일 11:30-15:30, 점심 월~금요일 12:00-15:00, 저
　녁 매일 17:30-24:00
Ⓟ 레드 랜턴 $498, 쓰촨 랍스터 $1788

Ye Shanghai 夜上海

예 상하이 | 상하이 요리 |

'상하이의 밤'이라는 뜻의 중식 레스토랑으로 현대적인 감각으로
재해석한 상하이 음식을 선보인다. 예 상하이표 베이징 덕은 주문
시 바삭하게 구운 쫀득한 껍데기를 먼저 맛본 후 숙주와 함께 볶은
살코기를 즐기면 된다. 추천 메뉴를 찾는다면 마늘을 곁들인 슬라
이드 포크, 고소한 강새우볶음과 부드러운 베 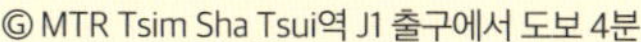
이크드 스터프 크랩 셸을 놓치지 말자.

Ⓒ MTR Tsim Sha Tsui역 J1 출구에서 도보 4분
Ⓐ 702, 7/F, K11 MUSEA, 18 Salisbury Rd, Tsim Sha Tsui
Ⓗ 6층 매일 11:30-15:00, 18:00-23:00, 7층 매일 11:30-24:00
Ⓟ 슬라이드 포크 HK$96, 강새우볶음 HK$250

Yung's Bistro 鏞鏞・藝嚐館

융스 비스트로 | 광동 요리 |

정통 광동 요리 레스토랑으로 조용한 분위기에서 품격의 요리를
즐길 수 있다. K11의 보헤미안 가든을 마주하고 있으며 그 푸른 정
원에서 영감받은 재스민 진, 히비스커스 등이 이곳의 추천 음료다.
이곳의 거위 요리는 더할 나위 없이 풍부한 맛을 자랑하니 방문 계
획이 있다면 놓치지 말자.

Ⓒ MTR Tsim Sha Tsui역 J1 출구에서 도보 4분
Ⓐ 701, 7/F, K11 MUSEA, 18 Salisbury Rd, Tsim Sha Tsui
Ⓗ 월~금요일 11:30-22:00, 토~일요일, 공휴일 11:00-22:00
Ⓟ 거위 구이 HK$480(half), HK$850(whole)

Dab-pa 稻成

답파 모던 차이니즈 퀴진 | 중식 |

광둥, 쓰촨, 상하이 요리를 현대적으로 재해석한 모던 중식 레스토랑이다. 차분한 뉴트럴 톤의 인테리어와 미니멀한 조명으로 구성된 공간은 파인 다이닝의 정갈함과 캐주얼 중식당의 편안함 사이에서 균형을 이룬다. 향, 소스, 조리법을 현대적인 감각으로 조율해 현지 음식에 익숙하지 않은 여행객도 부담 없이 즐길 수 있는 스타일이다.

ⓖ 쇼핑몰 K11 뮤제아 지하 1층
ⓐ Shop B111, B1/F, Salisbury Rd, Tsim Sha Tsui
ⓗ 매일 11:30-22:00
ⓟ 닭고기 당면무침 HK$68, 상하이식 훈제 광어 HK$98

Imperial Treasure

御寶軒
임페리얼 트레져 | 광둥 요리 |

싱가포르, 상하이 등 아시아 전역에서 높은 평가를 받는 임페리얼 트레져 그룹의 대표 중식 레스토랑 브랜드다. 홍콩 지점은 클래식한 광둥 요리를 기반으로 현대적 기술과 섬세한 조리법을 더한 고급 중식 파인 다이닝을 선보인다. 안정적인 서비스와 요리의 퀄리티가 균형 잡힌 다이닝으로 미쉐린에서 별 1개를 따내며 그 실력을 인정받고 있다.

ⓖ MTR Tsim Sha Tsui역 L5 출구에서 도보 2분
ⓐ 10/F, One Peking, 1 Peking Rd, Tsim Sha Tsui
ⓗ 매일 11:30-15:00, 18:00-23:00
ⓟ 로스트 포크 HK$148

Charcoal Bar
全新木炭燒烤概念店
차콜 바 | 그릴 요리 |

하버 시티에 새롭게 문을 연 구이 요리 전문점으로 전통적인 숯불 조리 방식에 현대적인 플레이팅을 더한 것이 특징이다. 우드 톤과 다크 메탈을 활용한 모던하고 차분한 분위기의 인테리어로 꾸며져 있으며 하버 시티 특유의 개방감 있는 공간에서 가벼운 캐주얼 식사부터 파  인 다이닝 수준의 정찬까지 폭 넓게 이용하기 좋다.

ⓖ 쇼핑몰 하버 시티 오션 터미널 G층
ⓐ Shop OT G62, Ocean Terminal, Harbour City, Canton Rd, Tsim Sha Tsui
ⓗ 매일 12:00-15:00, 18:00-23:00
ⓟ 차콜 그릴 옥토퍼스 HK$238(Half)

Wooloomooloo Steakhouse
울루물루 스테이크하우스 | 스테이크 |

홍콩 시내에만 3개 지점을 가진 호주식 스테이크 하우스다. 부드럽고 진한 랍스터 비스크, 오븐에서 갓 구워낸 피자가 추천 메뉴지만 립 아이 스테이크가 단연코 이 집의 시그니처. 클래식한 아침 식사부터 고급 요리까지 모두 즐길 수 있는 주말 브런치 메뉴에 2시간 무제한 음료 패키지를 더해 풍부한 아침을 만끽해도 좋다.

ⓖ MTR East Tsim Sha Tsui역 J 출구에서 도보 8분
ⓐ G7/8 Tsim Sha Tsui Centre, 66 Mody Rd, Tsim Sha Tsui East
ⓗ 일~수요일 11:45-22:00, 목~토요일 11:45-23:00
ⓟ 랍스터 비스크 HK$160, 립 아이 스테이크 HK$525~

Chee Kei 池記
치케이 | 완탕면 |

꼬들한 완탕면을 기대하고 들어갔다가 살이 가득 찬 게살 죽(크랩 콘지)에 푹 빠져서 나올 만큼 모든 메뉴가 인기를 끌고 있는 음식점. 국수의 과하지 않은 향에 진한 육수와 부드러운 고기의 조화가 예술이다. 새우 완탕면이 가장 유명하나 족발이나 연한 고기를 올린 국수 또한 손색이 없다.

ⓖ MTR Tsim Sha Tsui역 A1 출구에서 도보 3분
ⓐ 52 Lock Rd, Tsim Sha Tsui
ⓗ 매일 11:00-22:00
ⓟ 새우완탕면 HK$43, 크랩 콘지 HK$110

Luma
루마 | 파인 다이닝 |

1881 헤리티지 내부에 들어선 현대적인 감각과 섬세한
미식이 조화를 이룬 파인 다이닝 레스토랑이다. 미쉐린
스타 셰프의 크리에이티브한 터치로 계절별 신선한 재
료를 재해석해 예술적인 프레젠테이션 요리를 선보인다.
내부는 우아한 골드 톤과 대리석 디테일로 꾸며져 특별
한 식사 자리나 기념일 디너에 적합하다.

ⓒ MTR Tsim Sha Tsui역 L6 출구에서 지하 통로 이용 도보 3분
Ⓐ 1881, Main Building, FWD House, 2A Canton Rd, Tsim Sha
　 Tsui
Ⓗ 매일 12:00-22:00
Ⓟ 애프터눈 티 세트 2인 기준 HK$498

Azure 80 八十里
아주르 80 | 쓰촨 · 상하이 요리 |

하버 시티 2층에 위치한 아주르 80은 탁 트인
빅토리아 하버 전망과 고급스러운 중식 메뉴가 조화
를 이룬 레스토랑이다. 중국의 전통 요리를 현대적 감각으로 재해
석해 선보이는데, 셰프가 엄선한 재료와 풍부한 향신료가 돋보인
다. 실내 디자인도 주목할 만한데 동양의 고궁풍 디자인 요소와 모
던한 감각이 어우러져 우아하면서도 편안한 분위기를 자아낸다.

ⓒ 하버 시티 오션 터미널 2층
Ⓐ 201, Ocean Terminal, 3-27 Canton Rd, Tsim Sha Tsui
Ⓗ 월~금요일 11:30-22:00, 토~일요일 11:00-22:30
Ⓟ 베이징 덕 HK$338~, 중식 코스 HK$788~

Bolton Café 保頓冰室
볼튼 카페 | 차찬텡 |

여행객보다 현지인이 즐겨 찾는 곳. 오랜 역사를 자랑하는 대부분
의 차찬텡 가게가 많은 사람들로 붐비는 반면, 볼튼 카페는 비교적
신생 가게이기 때문에 여유로운 분위기 속에서 식사를 즐기기 좋
다. 카드 결제는 불가하고 현금이나 옥토퍼스 카드로만 결제 가능
하다는 점 기억하자.

ⓒ MTR Tsim Sha Tsui역 A1 출구에서 도보 3분
Ⓐ 20 Ashley Rd, Tsim Sha Tsui
Ⓗ 매일 07:30-22:00
Ⓟ 프렌치토스트 HK$38, 아이스크림 보로바오 HK$38

Elephant Grounds
엘리펀트 그라운즈
| 카페 |

큰 통창 너머로 비추는 따스한 햇살 하나로 나른한 분위기에 개방감과 편안함까지 더한 이곳은 홍콩 내 여러 지점을 두고 있을 만큼 많은 사람들이 즐기는 카페다. 향기로운 커피 한 잔과 함께 든든한 브런치도 좋지만, 아이스크림 가게로 시작한 곳인 만큼 고소한 자모카 아몬드 훠지가 인기 디저트 메뉴이니 시도해보자.

Ⓒ MTR Wan Chai역 B1 출구에서 도보 10분
Ⓐ 8 Wing Fung St, Wan Chai
Ⓗ 월~금요일 08:00-21:00, 토~일요일 08:00-21:00
Ⓟ 피콜로 $36, 자모카 아몬드 훠지 $44

N1 Coffee & Co
N1 커피 & 코 | 카페 |

에메랄드 빛깔로 장식된 소박한 카페로 현지인에게 나날이 사랑받으며 생기 넘치는 풍경을 만들어낸다. 아보카도를 활용한 브런치와 플랫 화이트가 가장 인기 있지만 커피 메뉴가 다양해 취향껏 골라 깊은 풍미를 즐길 수 있다. 협소하지만 아늑한 이 공간에서 간단한 한 끼와 함께 커피 한 잔을 곁들이며 쉬어 가도 좋다.

Ⓒ MTR Tsim Sha Tsui역 N5 출구에서 도보 4분
Ⓐ 34 Mody Rd, Tsim Sha Tsui
Ⓗ 매일 09:00-18:00
Ⓟ 에스프레소 HK$30, 플랫 화이트 HK$38

Harbour City
海港城
하버 시티

총 길이가 600m에 이르는 초대형 쇼핑몰로 450여 개 매장과 50여 개 레스토랑, 3개 호텔과 10개 오피스 빌딩까지 이 모든 시설이 한 공간에 모여 있다는 사실이 믿기지 않을 만큼 방대한 규모를 자랑한다. 크게 게이트웨이 아케이드Gateway Arcade, 오션 센터Ocean Centre, 마르코 폴로 홍콩 호텔 아케이드Marco Polo Hong Kong Hotel Arcade, 오션 터미널Ocean Terminal, 스타하우스Star House까지 5개 구역으로 나뉘며 이 중 게이트웨이 아케이드와 오션 터미널에 핵심적인 브랜드와 유명 레스토랑이 집중적으로 입점해 있다. 구찌, 루이 비통 등 전 세계 모든 명품 브랜드를 한 곳에서 만나볼 수 있으며, 170년 전통의 명품 편집숍 레인 크로포드Lane Crawford까지 빠짐없이 자리하고 있다. 그러나 명품만으로 이 넓은 공간을 채우기란 불가능한 법. 토이저러스를 비롯해 어린이 용품만 판매하는 구역을 따로 두어 가족여행객의 환영을 받고 있으며, 알랭 미끌리, 까르벵, 로저 비비에 등 우수한 품질과 디자인을 자랑하는 브랜드도 많다. 쇼핑을 딱 한 곳에서 해야 한다면 주저 없이 선택해야 할 곳이 바로 하버 시티다.

ⓖ MTR Tsim Sha Tsui역 A1 출구에서 도보 7분
Ⓐ 3-27 Canton Rd, Tsim Sha Tsui
ⓗ 매일 10:00-22:00

Canton Road 廣東道
캔톤 로드

원래 이름은 맥도넬 로드MacDonnell Road였으나 1909년 홍콩 섬의 맥도넬 로드와의 혼동을 피하기 위해 캔톤 로드Canton Road로 변경되었다. 홍콩의 핵심 교통로이며 무엇보다 명품 매장과 백화점이 많은 거리로 유명하다. 영화 〈첨밀밀〉에서 여명과 장만옥이 자전거를 타고 지나가던 길이 바로 캔톤 로드. 세월이 많이 변해 영화 속 모습은 거의 찾아볼 수 없지만, 여전히 홍콩 영화를 사랑하는 팬들이 빼놓지 않고 찾는 곳이기도 하다.

ⓖ 스타페리 선착장을 등지고 하버 시티 방향으로 난 길
Ⓐ Canton Rd, Tsim Sha Tsui

K11 Art Mall
케이11 아트몰

실내 곳곳에 다양한 전시물과 조각상을 배치해 '아트몰'로서의 정체성을 갖춘 대형 쇼핑몰이다. 다른 쇼핑몰에 비해 디자인 편집숍이 많은 것도 아트몰로서의 면모를 보여준다. 식음료 코너 라인업도 화려한데, 팬케이크 맛집 빵드빵PAN de PAIN, 밀크티 전문 브랜드 헤이티Heytea, 베이징 덕 전문점 엠파이어 시티 로스티드 덕 Empire City Roasted Duck 등이 입점해 있다.

ⓖ MTR Tsim Sha Tsui역 D2 출구에서 도보 1분
Ⓐ 18 Hanoi Rd, Tsim Sha Tsui
ⓗ 매일 10:00-22:00

K11 Musea
케이11 뮤제아

침사추이에 위치한 또 하나의 K11으로 10년의 준비 기간을 거쳐 2019년 오픈했다. 그리스 신화 뮤즈Muses에서 영감을 받은 이름이며 A Muse by the Sea라는 의미 그대로 해안가에 지어졌다. K11 아트몰이 트렌디하고 캐주얼한 브랜드에 집중한다면 K11 뮤제아는 세계적인 럭셔리 브랜드에 좀 더 집중하는 편이다. 쇼핑에 관심이 없어도 구경하는 재미가 쏠쏠한 곳이다.

ⓖ 침사추이 스타의 거리 인근
Ⓐ 18, Salisbury Rd, Tsim Sha Tsui
ⓗ 매일 10:00-22:00

Jordan / Yau Ma Tei / Mong Kok
佐敦 / 油麻地 / 旺角
조던 / 야우마테이 / 몽콕

빛의 속도로 트렌드를 받아들이는 홍콩에서 유일하게 수십 년간 변함없는 모습으로 여행객을 맞이하는 곳이 있으니 바로 조던, 야우마테이, 몽콕이다. 골목마다 들어선 전통 시장에서는 사는 자와 파는 자의 한바탕 흥정이 벌어지고 자동차와 오토바이가 시끄러운 경적 소리를 내며 지나간다. 센트럴에서 세련된 홍콩의 면모에 반했다면 이곳에서만큼은 진짜 여행자가 되어 홍콩 사람들의 일상을 느낄 차례다. 늦은 시간 투박한 네온사인을 밝힌 노점에서 현지 음식과 함께 기울이는 맥주 한 잔은 홍콩의 저녁을 더욱 특별하게 만들어준다.

Things to Do

호주우유공사

극강의 담백함! 스크램블드 에그가 가득
든 토스트 맛보기

하프웨이 커피

홍콩 감성으로 가득한 하프웨이 커피에서
부드럽고 향긋한 카푸치노 맛보기

템플 스트리트 야시장

밤이면 더욱 활기를 띠는 곳, 다이파이동
에서 해산물 요리에 맥주 한 잔

찾아가기

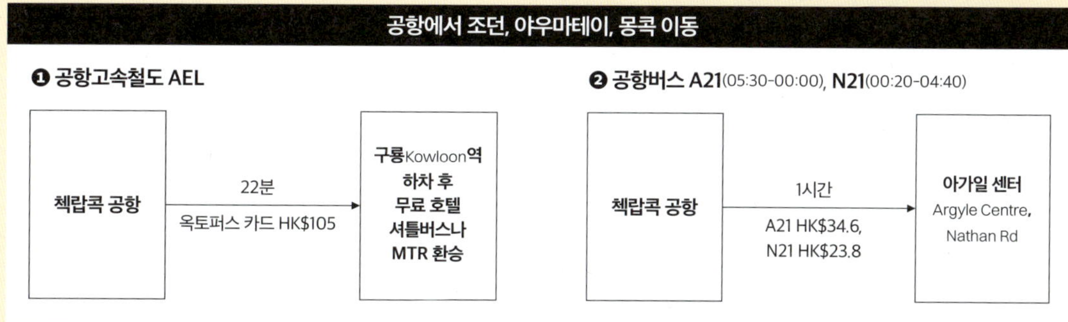

공항에서 조던, 야우마테이, 몽콕 이동

❶ 공항고속철도 AEL

| 첵랍콕 공항 | → 22분
옥토퍼스 카드 HK$105 → | 구룡Kowloon역
하차 후
무료 호텔
셔틀버스나
MTR 환승 |

❷ 공항버스 A21(05:30-00:00), **N21**(00:20-04:40)

| 첵랍콕 공항 | → 1시간
A21 HK$34.6,
N21 HK$23.8 → | 아가일 센터
Argyle Centre,
Nathan Rd |

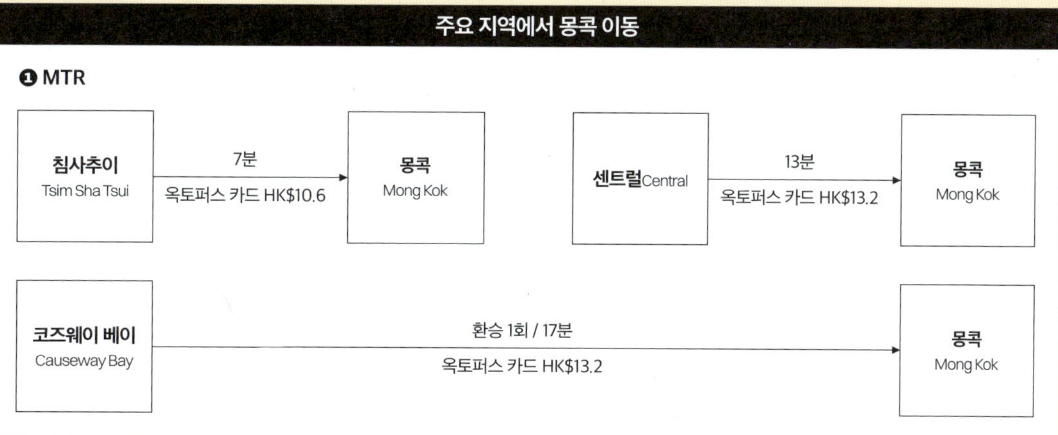

주요 지역에서 몽콕 이동

❶ MTR

| 침사추이
Tsim Sha Tsui | → 7분
옥토퍼스 카드 HK$10.6 → | 몽콕
Mong Kok |

| 센트럴Central | → 13분
옥토퍼스 카드 HK$13.2 → | 몽콕
Mong Kok |

| 코즈웨이 베이
Causeway Bay | → 환승 1회 / 17분
옥토퍼스 카드 HK$13.2 → | 몽콕
Mong Kok |

Temple Street Night Market
廟街夜市
템플 스트리트 야시장

홍콩의 활기찬 밤거리를 가장 직관적으로 보여주는 곳으로 금은방, 기념품 가게, 노점 등에서 형형색색의 불빛과 함께 활기를 더한다. 다양한 종류의 값싼 기념품을 구매할 수 있으나 대부분의 물건에서 내구성을 기대하기란 어렵다는 점, 이마저도 흥정을 하지 않으면 바가지를 쓸 수 있다는 점을 참고해야 한다. 근처 다이파이동(홍콩식 포장마차)에서 즐기는 차가운 맥주 한 잔으로 더 유명세를 타는 곳이다.

ⓒ MTR Jordan역 A 출구에서 도보 3분
Ⓐ Temple St, Mong Kok
Ⓗ 매일 14:00-24:00(대부분 16:00 이후 개점)

Tin Hau Temple
油麻地天后廟
틴하우 사원

바다의 여신 틴하우를 모시는 도교 사원으로, 과거 이곳 항구에서 출발했던 어부들이 무사 귀환을 바라며 제를 올리던 곳이다. 개간 사업 이후로 더 이상 해안 지역은 아니지만 여전히 어부와 현지인이 간절함을 빌러 방문하는데 그 염원은 사원을 가득 채운 매캐한 향 냄새로 짐작할 수 있다.

ⓒ MTR Yau Ma Tei역 C 출구에서 도보 3분
Ⓐ Temple St, Yau Ma Tei
Ⓗ 매일 10:00-18:00

Ladies' Market
女人街
레이디스 마켓

과거 주로 여성 관련 제품을 판매해 붙여진 이름이지만 현재는 가방, 티셔츠 등과 같이 다양한 물품을 취급한다. 보통 오후가 되어야 오픈하며 흥정은 많게 50%까지 필수이니 참고하자. 밤에는 화려한 네온사인과 함께 홍콩 로컬만의 투박함을 자아내며 그 풍경만으로 여러 엽서의 주인공이 된 곳이기도 하다.

Ⓒ MTR Mong Kok역 E2 출구에서 도보 4분
Ⓐ Tung Choi St, Mong Kok
Ⓗ 매일 11:00-23:00(매장별 다름)

Fa Yuen Street
花園街
파유엔 스트리트

나이키, 아디다스, 퓨마 등 전문 스포츠용품 숍이 즐비해 스니커즈 스트리트로 통하는 곳이다. 최신 패션 신발부터 대형 브랜드의 한정판 운동화까지 말 그대로 신발이라면 없는 게 없을 정도. 대부분 저렴한 금액이긴 하나 너무 저렴하다면 중국제 모조품일 수 있으니 무작정 구입하기보다 의심을 해봐야 한다.

Ⓒ MTR Mong Kok역 D2 출구에서 도보 3분
Ⓗ 매일 10:00-22:00(매장별 다름)

Local Markets
홍콩의 전통시장

전통 시장은 한 도시의 삶과 문화를 가장 생생하게 보여주는 공간이다. 고층 빌딩이 즐비한 홍콩에도 사람들의 일상의 향기가 진하게 밴 시장들이 꿋꿋이 제자리를 지키고 있는 동네가 있으니 바로 몽콕과 야우마테이다. 모두 같은 시장 같지만 주제별로 천차만별이라 구경하는 재미도 남다르다. 중국인들이 좋아하는 옥으로 만든 제품을 선보이는 ❶제이드 마켓, 휴대폰과 게임기 같은 전자 제품 상점이 많은 ❷싸이용초이까이람을 비롯해 ❸금붕어 시장, ❹꽃 시장 등이 골목마다 들어서 나름의 매력을 뽐내고 있다. 시끄럽고 때로는 낯설게 느껴질 수도 있지만, 오히려 이런 시장에서 정제되지 않은 진짜 홍콩의 얼굴을 만날 수 있을지 모른다. 모든 시장을 다 꼼꼼히 들러볼 필요는 없다. 한두 곳만 구경하듯 살펴봐도 홍콩 시장의 매력을 만끽하기엔 부족함이 없을 것이다.

싸이용초이까이람
西洋菜街南

ⓒ MTR Mong Kok역 E2 출구에서
도보 1분
Ⓐ Sai Yeung Choi St, Mong Kok

제이드 마켓
玉器市場

ⓒ MTR Yau Ma Tei역 B2 출구에서 도보 3분
Ⓐ 251 Shanghai St, Yau Ma Tei
Ⓗ 매일 11:00-23:00(매장별 다름)

금붕어 시장
金魚街

ⓒ MTR Prince Edward역 B2 출구에서
도보 5분
Ⓐ 43-49 Bute St, Prince Edward

꽃 시장 花市

ⓒ MTR Prince Edward역 B2 출구에서
도보 8분
Ⓐ Flower Market Rd, Mong Kok

Australia Dairy Company

澳洲牛奶公司

호주우유공사 | 차찬텡 |

아침부터 분주한 모습의 가게는 속도감 있는 홍콩 분위기와 이곳의 인기를 가장 직관적으로 나타낸다. 차찬텡의 모범 답안을 보여주는 곳, 호주우유공사다. 폭신하고 촉촉한 식감, 고소한 맛의 스크램블드에그 토스트와 마카로니 수프로 구성된 모닝 세트가 가장 인기 있는 메뉴이며, 보들보들한 우유 푸딩 또한 아침에 부담 없이 먹기 좋다.

ⓒ MTR Jordan역 C2 출구에서 도보 3분
Ⓐ 47 Parkes St, Jordan
Ⓗ 금~수요일 07:30-22:00, 목요일 휴무
Ⓟ 스크램블드에그 토스트 HK$28, 우유 푸딩 HK$35

Mido Cafe 美都餐室

미도 카페 | 차찬텡 |

여행객의 미식 투어에서 빠지지 않는 곳으로 1950년에 개업해 오늘에 이른 말 그대로 찬란한 문화유산이다. 미도 카페를 찾는 이유는 다양하지만 사실상 음식의 맛보다 옛 정취로 가득한 공간이 일등공신이다. 촬영 금지 안내문이 붙어 있지만 도저히 카메라를 꺼내지 않을 수 없을 만큼 분위기로 압도한다. 프렌치토스트와 원앙차가 가장 인기 메뉴다.

ⓒ MTR Yau Ma Tei역 C 출구에서 도보 5분
Ⓐ 63 Temple St, Yau Ma Tei
Ⓗ 목~화요일 11:00-19:30, 수요일 휴무
Ⓟ 프렌치토스트 HK$32, 밀크티 HK$20

Tai On Coffee & Tea Shop
大安茶氷廳
타이온 커피 & 티 숍 | 차찬텡 |

미도 카페 못지않게 오랜 역사를 지녔지만 미도 카페보다 사람이 덜 붐비는 클래식한 분위기의 차찬텡 가게다. 1969년 개업 이후 지금까지 원형 그대로의 인테리어를 유지하고 있어 레트로한 풍경을 찾아 홍콩에 온 여행객들의 찬사를 받고 있다. 낡은 가죽 의자와 타일 바닥, 노란색 조명 아래서 마시는 밀크티 한 잔은 옛날 홍콩 영화 속 한 장면을 떠올리게 한다.

ⓒ MTR Yau Ma Tei역 B2 출구에서 도보 3분
Ⓐ 830 Canton Rd, Yau Ma Tei
Ⓗ 매일 09:00-19:00
Ⓟ 레몬 치킨 파스타 HK$84, 프렌치토스트 HK$86

Kubrick Cafe
큐브릭 카페 | 북 카페 |

다양한 브런치 메뉴를 제공하지만, 독특하게도 음식보다 영화로 유명세를 타게 된 곳이다. 북 카페인 만큼 책은 물론 각종 굿즈를 판매하는데, 대부분은 영화와 관련된 . 전설이 된 거장 '스탠리 큐브릭'에서 가게 이름을 따온 것만 봐도 주인장의 영화 사랑을 알 수 있다. 1980~1990년대 홍콩 영화에 대한 아련한 추억을 지닌 여행객에게는 좀 더 특별한 장소다.

ⓒ MTR Yau Ma Tei역 C 출구에서 도보 5분
Ⓐ 3 Public Square St, Yau Ma Tei
Ⓗ 매일 11:30-21:30(비정기 휴무)
Ⓟ 아메리카노 HK$46, 카페모카 HK$54

Dim Dim Sum 點點心

딤딤섬 | 딤섬 |

2011년 영국의 문화·여행 매거진 〈타임 아웃〉이 '홍콩에서 가장 맛있는 딤섬 레스토랑' 1위로 선정한 딤섬 맛집이다. 이제는 대만과 상하이를 넘어 우리나라에도 지점을 뒀을 만큼 글로벌한 기업이 되었지만, 홍콩 본점은 여전히 예전의 아담하고 캐주얼한 분위기를 고수하고 있다. 어떤 메뉴를 선택하든 호텔 레스토랑 수준의 딤섬을 합리적인 가격으로 맛볼 수 있다는 것이 이 집의 강점이다.

ⓒ MTR Mong Kok역 B2 출구에서 도보 2분
Ⓐ 106, Tung Choi St, Mong Kok
Ⓗ 매일 11:00-23:00
Ⓟ 하가우 HK$38, 시우마이 HK$36

Bamboo Village 竹家莊

죽가장 | 스파이시 크랩 |

신선하고 풍부한 맛의 스파이시 크랩과 탱글탱글한 식감을 자랑하는 가리비찜을 선보이는 맛집으로 37년이 넘는 시간 동안 국내외 손님들의 발길이 끊이지 않는 곳이다. 스파이시 크랩은 맵기 조절이 가능한데 가장 매운맛이 신라면 정도라 고통스러울 정도는 아니다. 통통한 게살 위에 다양한 향신료와 마늘 플레이크가 듬뿍 올라가 중독성 있는 매력을 자랑한다.

ⓒ MTR Jordan역 C2 출구에서 도보 3분
Ⓐ 265 Temple St, Jordan
Ⓗ 매일 18:00-03:30
Ⓟ 스파이시 크랩, 가리비찜 당일 시가

Mui Kee Congee 妹記生滾粥品

무이키 콘지 | 콘지 |

정신없는 시장통을 비집고 들어서면 마주할 수 있는 홍콩 전통식 콘지 맛집으로, 1970년대부터 시작된 유서 깊은 가게다. 이곳의 콘지는 깊은 풍미를 자랑하며, 입안에서 녹는 듯한 유난히 부드러운 식감이 특징이다. 대표 메뉴로는 담백한 생선 살이 가득 담긴 '생선 콘지'가 있으며 각각의 재료가 신선하고 풍미가 살아 있다.

ⓒ MTR Mong Kok역 B2 출구에서 도보 5분
Ⓐ 3/F Municipal Services Building, 123A Fa
 Yuen St, Mong Kok
Ⓗ 수~월요일 07:00-15:00, 화요일 휴무
Ⓟ 생선 콘지 HK$48, 소고기 콘지 HK$48

Mak Man Kee Noodle
麥文記麵家
막만키 누들 | 완탕면 |

1958년부터 영업을 시작한 완탕면 맛집으로 완탕면뿐 아니라 우육면, 비빔면 등 다양한 홍콩 스타일의 국수를 선보인다. 또 다른 국수 명가인 막스 누들Mak's Noodle과 이름이 비슷한데 두 곳의 창업자가 같은 집안 사람이기 때문이다. 다른 국숫집과 달리 치솟는 인기에도 지점을 내지 않았다는 점이 독특하다.

Ⓖ MTR Jordan역 C2 출구에서 도보 3분
Ⓐ 51 Parkes St, Jordan
Ⓗ 매일 12:00-24:30
Ⓟ 완탕면 HK$45

Ladies' Street Sik Faan Co
레이디스 스트리트 식 판 코 | 다이파이동 |

레이디스 마켓 인근에 자리한 로컬 스타일의 퓨전 레스토랑이다. 우리나라의 실내 포장마차처럼 홍콩식 포장마차인 다이파이동을 기본 콘셉트로 좀 더 깔끔하고 캐주얼한 스타일을 추구한다. 옛 흔적을 간직한 서울의 을지로가 '힙지로'로 떠오른 것처럼 오히려 이런 오래된 느낌이 트렌드가 되어 젊은 층이 즐겨 찾는다.

Ⓖ MTR Mong Kok역 E2 출구에서 도보 5분
Ⓐ 1A-1L Tung Choi St, Mong Kok
Ⓗ 매일 17:30-24:00
Ⓟ 트러플 새우 토스트 HK$32, 파인애플 탕수육 HK$118

Kadorar et Levain
嘉多娜麵包店
카도라 에 르뱅 |베이커리|

야우마테이 피트 스트리트 한가운데 자리한 프렌치 스타일의 베이커리다. 르뱅이라는 이름에서도 알 수 있듯 모든 빵 반죽을 인공 첨가물 없이 천연 효모로만 숙성시켜 만든다. 동그란 빵 안에 커스터드를 가득 채운 프렌치 푸딩 번이 이 집의 대표 메뉴인데, 세 종류 푸딩 번을 넣은 푸딩 백이 인기다.

Ⓖ MTR Yau Ma Tei역 A2 출구에서 도보 1분
Ⓐ 54 Pitt St, Yau Ma Tei
Ⓗ 매일 06:30-21:00
Ⓟ 프렌치 푸딩 번 기본 맛 HK$15

Halfway Coffee
半路咖啡
하프웨이 커피 |카페|

장난스럽고 투박한 메뉴판과 시간의 흔적이 깃든 찻잔이 인상적인 카페다. 우드 톤으로 꾸며진 아담한 공간에는 10석 남짓의 좌석이 마련되어 있다. 커다란 통창 너머로 파스텔 톤 아파트와 시시각각 변하는 풍경을 감상할 수 있어 지루할 틈이 없다. 벽을 가득 채운 사진들과 깔끔하게 정돈된 주방은 사장님의 가게에 대한 애정을 잘 보여준다.

Ⓖ MTR Mong Kok역 E1 출구에서 도보 8분
Ⓐ Shop No. 6 Soy St, Mong Kok
Ⓗ 매일 09:00-18:00
Ⓟ 카푸치노 HK$45, 레몬 타르트 HK$88

Central / Sheung Wan
中環 / 上環
센트럴 / 성완

고개를 끝까지 젖혀야 겨우 보이는 마천루들과 100년이 넘는 시간을 이어온 다이파이동이 어지럽게 뒤섞여 있는 걸 보면 센트럴과 성완이야말로 여러 문화가 공존하는 홍콩 그 자체인 듯하다. 수백 년 전 영국군이 처음 상륙했던 무역의 중심지답게 역사적 건축물과 전통 시장들이 여전히 제 역할을 하고 있다. 힐사이드 에스컬레이터가 1990년대의 아련한 추억을 소환하는 가운데 온갖 화려함으로 치장한 명품 쇼핑몰들이 첨단의 도시를 보여준다. 이렇다 보니 모든 풍경이 생경한 여행자로선 정처 없이 거리를 거니는 것만으로도 두 눈이 쉴 틈이 없다. 정신이 혼미해질 만큼 온갖 문화가 혼재한 이곳, 바로 센트럴과 성완이다.

Things to Do

새로운 명소 포호

거대한 도심 속 고즈넉한 마을 풍경, 포호
의 카페 경험하기

귀여운 물건이 가득한 PMQ

신진 아티스트들의 재기 발랄한 작품이 많
은 PMQ에서 기념품 쇼핑

힐사이드 에스컬레이터

영화 〈중경삼림〉의 그곳, 세계 최장 길이
의 에스컬레이터 경험하기

퓨전 광둥 요리 모트32

여행 중 한 번쯤 누리는 호사, 뉴욕 스타일
의 광둥식 퓨전 요리 맛보기

소고기 국수 명가 카우키

배우 양조위의 단골집, 카우키에서 소고기
국수 맛보기

초고층 빌딩 IFC 몰 쇼핑

여행의 마지막 날이라면 AEL 홍콩역과 연
결된 IFC 몰에서 쇼핑으로 마무리

찾아가기

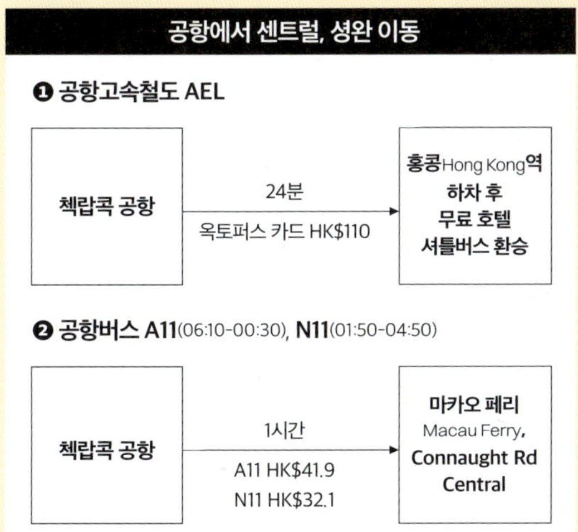

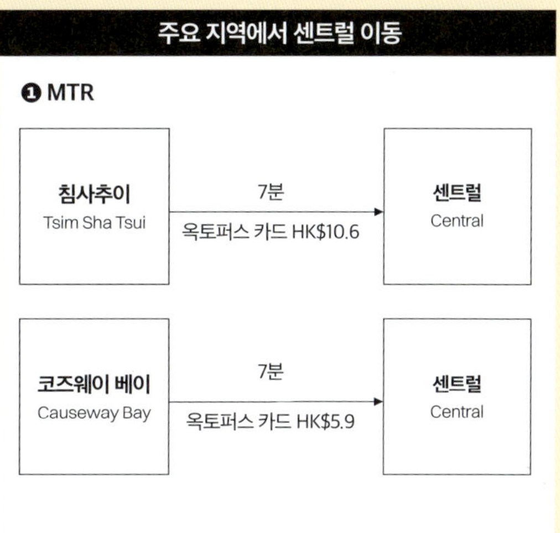

Hollywood Road
荷李活道
할리우드 로드

성완부터 센트럴까지 길게 뻗은 거리로 소호, 노호, 포호를 관통한다. 영국이 홍콩을 점령한 이후 만들었고 1960년대 영국의 2번째 총독이 지금의 이름을 붙였다. 영국 식민지 시대 당시 유럽 상인과 선원, 중국 상인들이 이곳에서 물건을 사고 팔던 것이 골동품 시장의 시초라고 할 수 있다. 현재는 공방과 예술 갤러리, 그래피티 거리, 부티크 상점들이 들어서 있다. 할리우드 로드의 상징인 덩라우 벽화에서 홍콩의 다채로움을 느껴보자.

Ⓜ MTR Sheung Wan역 A2 출구에서 도보 7분

Man Mo Temple
文武廟
만모 사원

무예의 신 관우關羽와 학문의 신 문창제군文昌帝君을 모시는 홍콩에서 가장 오래된 도교 사원이다. 관우상 앞에는 커다란 청룡언월도青龍偃月刀가, 문창제군 상 앞에는 서예 붓을 든 황금색 손 모양이 조각되어 있다. 작지만 분주한 도심 속에 이런 고요한 사원이 있다는 것만으로도 왠지 모를 평온함이 느껴진다. 플래시는 금지하나 사진 촬영은 자유로이 가능하다. 얇은 향은 1인당 3개까지 무료로 사용할 수 있으니 향을 피우며 소원을 빌어보는 것도 좋다.

Ⓜ MTR Sheung Wan역 A2 출구에서 도보 8분
Ⓐ 124-126 Hollywood Road, Sheung Wan
Ⓗ 매일 08:00-18:00

SOHO 蘇豪
소호

서울의 홍대 앞처럼 홍콩 젊은이들의 만남의 광장이자 외국인 여행객들이 홍콩에 와서 가장 먼저 찾는 곳이기도 하다. 소호라는 이름은 'South of Hollywood Road'의 약자로 실제로 할리우드 로드의 남쪽에 자리했다. 1990년대 힐사이드 에스컬레이터가 생긴 이후 오가기가 수월해지면서 감각적인 부티크 숍과 식당, 카페들이 들어서기 시작했다. 지금은 포화 상태라 해도 될 만큼 상점이 많아져 주말 저녁이면 정신이 혼미할 만큼 많은 사람들로 붐빈다.

ⓒ 힐사이드 에스컬레이터 이용 할리우드 로드에서 하차
Ⓐ South of Hollywood Rd, Central

NOHO 歌賦街
노호

화려한 소호 거리를 지나 걷다 보면 거리는 예스럽고 고전적인 분위기로 전환된다. 할리우드 로드를 기준으로 북쪽에 위치해 이름 붙여진 이곳에는 중독성 강한 토마토 라면으로 인기를 끌고 있는 '싱흥유엔', 모든 방문객 마음에 점을 찍는 98년 전통의 딤섬 가게 '린흥 티 하우스' 등이 정겹게 미로처럼 연결된 거리를 가득 채운다. 홍콩의 전통과 현재가 교차하는 노호 거리만의 정취를 느껴보자.

ⓒ MTR Sheung Wan역 A2 출구에서 도보 5분
Ⓐ 8 Aberdeen St, Central

POHO
포호

만모 사원에서 벗어나 걷다 보면 센트럴과 성완
사이의 오래된 동네인 포호를 마주하게 된다.
노호보다 북쪽 언덕에 자리한 곳으로 행정상의
거리 명은 아니지만 일반적으로 포힝퐁Po Hing
Fong 거리 일대를 포호라 부른다. 센트럴 일대
에서도 비교적 한산한 이곳에는 카페, 빈티지
가구, 앤티크 갤러리가 즐비해 있으며 골목 구
석구석 벽화가 가득한 거리를 보는 재미가 쏠쏠
하다.

Ⓖ MTR Sheung Wan역 A2 출구에서 도보 10분
Ⓐ Po Hing Fong과 Tai Ping Shan St. 일대

Cat Street 摩羅上街
캣 스트리트

홍콩의 감성을 더할 기념품을 찾는다면 이곳을 놓치지 말자. 이
름에서 알 수 있듯이 과거 장물아비들이 장사를 하던 곳으로 중
국 골동품, 도자기, 낡은 타자기와 포스터의 빈티지 소품이 가득
하다. 특히 마오쩌둥의 조각상과 배지, 그림과 같은 기념품은 홍
콩 벼룩시장만의 독특한 분위기를 자아낸다.

Ⓖ MTR Sheung Wan역 A2 출구에서 도보 5분
Ⓐ Upper Lascar Row, Sheung Wan
Ⓗ 매일 11:00~17:00(매장별 다름)

Western Market 西港城
웨스턴 마켓

빼곡히 들어선 건물 사이에 영국식 빨간 벽돌로 화려하게 지어진 복합 쇼핑몰. 상충하는 두 이미지가 기묘하게 어우러져 보는 즐거움을 더한다. 내부의 목조 천장과 샹들리에는 1900년대 영국을 떠올리게 한다. 1906년 완공 이후 홍콩의 농수산물 도매시장으로 출발한 이곳은 홍콩의 가장 오래된 마켓 건물로 어느새 관광객 사이에서 필수 여행 코스가 되었다.

Ⓖ MTR Sheung Wan역 B 출구에서 도보 4분
Ⓐ 323 Des Voeux Rd Central, Central, Hong Kong
Ⓗ 매일 10:00-24:00(매장별 다름)

Hillside Escalator 中環至半山自動扶手電梯
힐사이드 에스컬레이터

센트럴 남쪽에서 언덕을 따라 800m가량 이어진 세계 최장 길이의 에스컬레이터다. 현지인에게는 일상의 대중교통으로, 여행자에게는 사진 촬영 스폿으로 여러모로 많은 사람들이 찾는다. 촘촘하게 연결된 에스컬레이터는 언제든 정처 없이 발길을 내딛어보라는 듯이 길을 잃어도 좋을 센트럴의 뒷골목으로 우리를 인도한다. 영화 <중경삼림>에 등장한 이후 세계적인 관광 스폿이 되었다.

Ⓖ MTR Central역 D2 출구에서 도보 8분
Ⓐ 9 Cochrane St, Central
Ⓗ 상행 매일 10:00-24:00, 하행 06:00-10:00

Statue Square 皇后像廣場
황후상 광장

빌딩 숲 한복판의 광장과 갓길에 주차된 빨간 택시들, 그 길을 걷는 트렌치코트 차림의 남자. 누아르의 서막을 여는 이 장면을 생각하는 것만으로도 마니아들의 가슴을 울리는 듯하다. <영웅본색>의 적룡과 주윤발이 처음 마주한 황후상 광장은 어느새 영화 팬들의 필수 코스로 자리했다. 광장의 이름은 현재 빅토리아 공원으로 옮겨진, 영국 빅토리아 여왕의 동상에서 유래했으며 현재는 HSBC의 초대 은행장 토머스 잭슨 경의 동상만 그 자리를 지키고 있다.

Ⓖ MTR Central역 K 출구에서 도보 1분
Ⓐ Des Voeux Rd Central, Central

Hong Kong Observation Wheel
中環海濱摩天輪
홍콩 대관람차

홍콩을 만끽하는 시간, 20분이면 충분하다. 대관람차 안에서 보는 센트럴의 빌딩 숲과 항구의 전망은 시시각각 달라지며 풍경에 신선함을 더한다. 빛이 수놓은 홍콩의 화려한 밤을 제대로 관람하기 위해서는 심포니 오브 라이트 쇼가 열리는 저녁 8시에 맞춰 탑승하는 것이 좋지만, 언제 탑승해도 황홀한 풍광 덕에 더할 나위 없이 특별한 밤을 선사한다. 합석이 자연스러운 홍콩답게 대관람차 또한 8명이 함께 탑승하니 참고하자.

Ⓖ MTR Hong Kong역 F 출구에서 도보 8분
Ⓐ 33 Man Kwong St, Central
Ⓗ 금~일요일 11:00-23:00, 월~목요일 12:00-23:00
Ⓟ 성인 $20, 3~11세 및 65세 이상 $10

The Macallan House Hong Kong
더 맥캘런 하우스 홍콩

스코틀랜드 스페이사이드Speyside의 감각을 홍콩의 도심 한가운데서 마주하는 공간이다. 맥캘런의 브랜드 철학인 'Natured by Nature'를 온전히 구현한 플래그십 경험관으로 방문객은 The Macallan Sensorial Journey 프로그램을 통해 스코틀랜드 에스테이트의 풍경, 오크통의 향, 증류 온도 등을 시각·후각·촉각·미각으로 동시에 체험하게 된다. 하우스 내 바에서 싱글 몰트 핵심 라인업부터 한정 에디션까지 폭넓은 테이스팅을 제공한다.

Ⓖ MTR Central역 C 출구에서 도보 3분
Ⓐ 1 Stanley St, Central

Lan Kwai Fong 蘭桂坊
란콰이퐁

홍콩 섬 최대의 번화가로 바, 클럽 등이 넘쳐나는 젊음의 거리다. 다귈러 스트리트D'Aguilar St를 중심으로 윈덤 스트리트Wyndham St, 란콰이퐁, 웰링턴 스트리트Wellington St가 속한 지역을 통칭하는데, 주말 자정이면 현지 젊은이들과 여행객들이 몰려들어 말 그대로 불야성을 이룬다. 우리나라의 이태원처럼 크리스마스, 핼러윈 데이 같은 날엔 축제의 장이 펼쳐지기도 한다. 단순히 이 거리를 활보해보는 것만으로도 클럽에서 춤을 추는 것 이상의 흥겨운 분위기에 취하게 된다. 그러니 잠이 오지 않는 주말 밤, 할 거리를 찾는다면 주저 없이 란콰이퐁으로 향하자. 심심할 틈이 없는 여행의 밤이 시작될 것이다.

ⓖ MTR Central역 D1 출구에서 도보 9분
Ⓐ 1 Lan Kwai Fong, Central

Fringe Club 藝穗會
프린지 클럽

비주얼 아트, 전시, 퍼포먼스, 라이브 공연 예술을 위한 오픈 플랫폼이다. 1892년 우유 회사 데어리 팜 컴퍼니Dairy Farm Company의 냉동 창고로 지어진 이곳은 1984년 프린지 클럽이라는 예술 단체가 사들여 훌륭한 라이브 무대로 재탄생되었다. 한쪽 벽에 적힌 'Art+People=Fringe Club'이라는 문구가 이 클럽의 모토를 말해준다.

ⓖ MTR Central역 D1 출구에서 도보 9분
Ⓐ 2 Lower Albert Rd, Central
Ⓗ 매일 11:00~19:00(공연, 전시에 따라 다름)

The Aubrey
디 오브리 | 일식 바 |

전통적인 이자카야에 고급스러운 분위기를 얹어 색다른 일본식 요리를 선사한다. 19세기 일본을 연상시키는 인테리어는 창밖에 펼쳐지는 홍콩의 스카이라인과 기묘하게 어우러진다. 매주 금요일 오브리 애프터 다크에서는 DJ가 선보이는 하우스와 디스코 음악을 즐길 수 있다. 만 17세 이하는 저녁 8시 이후 출입이 불가하니 참고하자.

Ⓖ MTR Central역 F 출구에서 도보 2분
Ⓐ 25/F, Mandarin Oriental, 5 Connaught Rd, Central
Ⓗ 일~목요일 12:00-01:00, 금~토요일 12:00-02:00, 오브리 애프터 다크 금요일 22:00-02:00, 점심 매일 12:00-14:30, 저녁 18:00-22:00
Ⓟ 오브리 애프터 다크 입장료 HK$150

Mott32 卅二公館
모트32 | 광동 요리 |

지난 2021년 우리나라에도 오픈하며 명성을 알린 모트32. 1851년 뉴욕에 오픈한 중국 식료품점의 주소에서 유래한 이름인 만큼, 중국 광동식 전통 요리에 서양식 미감을 더해 더욱 모던하고 세련된 맛을 선보인다. 42일간 말린 사과나무의 달콤한 향으로 훈연한 북경오리가 대표 메뉴로, 북경오리는 준비 과정에 많은 시간이 소요되기 때문에 예약 주문이 필수다.

Ⓖ MTR Central역 K 출구에서 도보 2분
Ⓐ 4/F, Standard Chartered Bank Building, 4-4a Des Voeux Rd, Central
Ⓗ 점심 매일 11:30-14:30, 저녁 17:30-23:00
Ⓟ 북경오리 $980, 이베리코 바비큐 $350

Sing Kee 星記海鮮飯店

싱키 시푸드 레스토랑 | 광둥 요리 |

진짜 홍콩다운 맛을 경험할 수 있는 로컬 레스토랑이다. 〈미쉐린 가이드〉 빕 구르망에 선정된 곳으로 값비싼 파인 다이닝보다 합리적인 가격에 진정성 있는 광둥 요리를 접할 수 있다. 시그니처 메뉴로는 소금 후추 오징어튀김과 말레이시아 카레 소스를 곁들인 새우 구이 등이 있으며 해산물 전문점이지만 마파두부나 소금 치킨 등도 꽤나 인기 있는 메뉴로 손꼽힌다.

ⓖ MTR Central역 C 출구에서 도보 6분
Ⓐ 2/F, Lyndhurst Tower, 1 Lyndhurst Terrace, Central
Ⓗ 매일 11:30-14:00, 18:00-21:00
Ⓟ 소금 후추 오징어튀김 HK$218, 마파두부 HK$138

Social Place 唐宮小聚

소셜 플레이스 | 퓨전 광둥 요리 |

탁구 테이블에서 비둘기 요리를 먹는 사람들. 상상만으로도 독특한 장면이 가능한 곳, 바로 퓨전 광둥식 레스토랑 소셜 플레이스다. 표고버섯 모양의 딤섬과 아기 돼지 모양의 딤섬, 그리고 비둘기 구이가 시그니처 메뉴다. 편안하고 에너제틱한 분위기 속에서 모던하고 스타일리시한 퓨전 음식을 선사하는데 딤섬 모양이 특이해 눈이 먼저 즐거운 곳이다.

ⓖ MTR Sheung Wan역 E1 출구에서 도보 3분
Ⓐ 2/F The L. Place, 139 Queen's Rd Central
Ⓗ 매일 11:30-15:30, 17:30-22:00
Ⓟ 비둘기 구이 HK$49, 표고버섯 딤섬 HK$59

Sang Kee Congee

生記清湯牛腩麵家
상기 콘지 | 콘지 |

이른 아침 홍콩식으로 하루를 시작하려면 이곳을 추천한다. 한결같이 건강하면서도 부드럽게 입안에서 퍼지는 죽으로 두터운 단골층을 자랑하는 식당이다. 인기 메뉴는 살코기와 여러 내장이 가득 들어 있는 소고기죽이다.

ⓖ MTR Sheung Wan역 A2 출구에서 도보 2분
Ⓐ 7 Burd St, Sheung Wan
Ⓗ 월~토요일 06:30-20:30, 일요일 휴무
Ⓟ 소고기죽 HK$40, 생선어묵죽 HK$40

Kau Kee Restaurant 九記牛腩

카우키 │ 소고기 국수 │

큰 솥에서 푹 끓여 우려낸 진한 육수로 100년이 넘는 시간 동안 대중의 사랑을 받아온 국수 전문점이다. 오후 1시 전후가 가장 붐비는 시간이며 웨이팅은 필수, 하지만 회전율이 빨라 넉넉히 30분 정도만 기다리면 된다. 담백한 소고기 국수와 깊고 진한 맛의 카레 국수가 대표 메뉴이며 어떤 메뉴를 주문하든 토핑이 푸짐하게 올라간다. 양이 살짝 적은 게 아쉽지만 현지인과 여행객 모두가 인정할 만큼 맛 하나로 뚝심 있게 사랑받아온 곳이다.

ⓒ MTR Sheung Wan역 A2 출구에서 도보 7분
Ⓐ 21 Gough St, Central
Ⓗ 월~토요일 12:30-22:30, 일요일 휴무
Ⓟ 소고기 국수 HK$70~, 카레 국수 $75~

Mak's Noodle 麥奀雲吞麵世家

막스 누들 │ 완탕면 │

1920년대 막씨네 가문이 광저우에서 국수를 파는 작은 포장마차로 시작했던 이 가게는 홍콩 전역으로 뻗어나가 현재까지 인기를 끌고 있다. 조미료를 쓰지 않고 깊은 맛을 내는 완탕 국물과 꼬들꼬들한 에그 누들의 조화가 일품이다. 완탕면을 간식처럼 간단하게 먹는 홍콩의 전통에 따라 작은 그릇에 담겨 나오니 양이 적다면 실하고 오동통한 새우 완자를 추가해 먹어보자.

ⓒ MTR Central역 D2 출구에서 도보 7분
Ⓐ 77 Wellington St, Central, Hong Kong
Ⓗ 매일 10:00-21:00
Ⓟ 완탕면 HK$50, 새우볶음면 HK$73

Shui Kee 水記

수이키 │ 소고기 내장 국수 │

양지머리를 푹 고아낸 국물에 소고기 내장과 담백한 국수가 들어간 소고기 내장 국숫집이다. 골목 한쪽에 간이 테이블을 놓아 노포의 낭만 또한 가득하다. 소고기 내장 국수는 생소한 비주얼이지만 냄새가 없고 내장 자체에 간이 짭짤하게 배어 있어 기대 이상의 맛을 선사한다. 짜다고 느껴지면 많이 달지 않은 국화차로 갈증을 달래보자.

ⓒ MTR Central역 D2 출구에서 도보 8분
Ⓐ 2 Gutzlaff St, Central
Ⓗ 월~금요일 11:30-17:30, 토~일요일 휴무
Ⓟ 소고기 내장 국수 HK$48, 청경채 반찬 HK$25

Shui Kee Coffee

瑞記咖啡

수이키 커피 | 차찬텡 |

1950년대부터 이어져온 정통 스타일의 차찬텡이다. 대부분 인기 맛집이 건물 1층에 위치한 반면 수이키 커피는 2층에 위치해 있어 아는 사람들만 아는 숨은 맛집으로 통한다. 가장 유명한 메뉴는 얼음 없이 병째 나오는 아이스 밀크티로 진하고 깊은 홍차 향이 오래도록 유지된다. 함께 곁들이기 좋은 프렌치토스트는 '겉바속촉'의 식감과 함께 특유의 달콤한 맛을 자랑한다.

ⓒ MTR Sheung Wan역 A2 출구에서 도보 5분
Ⓐ Shop 17, Cooked Food Centre, 2/F, Sheung Wan Municipal Services Building, 345 Queen's Rd Central, Sheung Wan
Ⓗ 월~금요일 08:00-15:00, 토~일요일 휴무
Ⓟ 밀크티 HK$18, 프렌치토스트 HK$33

Shing Heung Yuen 勝香園

싱흥유엔 | 다이파이동 |

우리나라 여행 프로그램에 여러 차례 소개되었던 포장마차로 옛 정취 가득한 골목길 한복판에서 향긋한 토마토 냄새로 사람들의 코를 사로잡는다. 저렴한 가격에 달걀, 베이컨, 소시지, 햄 등의 토핑을 함께 즐길 수 있는 토마토 라면, 밀크티에 커피를 섞어 부드럽고 달콤한 원앙차, 그리고 바삭한 연유 토스트. 이 3가지는 마치 하나의 세트 메뉴처럼 자리 잡았다.

ⓒ MTR Sheung Wan역 A2 출구에서 도보 7분
Ⓐ 2 Mee Lun St, Central
Ⓗ 월~토요일 08:00-15:30, 일요일 휴무
Ⓟ 토마토 라면 HK$50, 연유 토스트 HK$20

Wah Lok Cafe 華樂冰室

와록 카페 | 차찬텡 |

차찬텡 맛집 중 하나다. 달콤한 프렌치토스트와 푸짐한 주빠빠오, 담백한 토마토 라면, 그리고 빠지면 섭섭한 부드러운 밀크티까지가 모두 추천 메뉴. 위생과 서비스부터 맛까지 모두가 입을 모아 칭찬하는 곳으로, 식사를 마칠 때쯤 더 이상의 수식어가 필요 없을 정도로 입안 가득 홍콩에 대한 향수가 퍼진다.

ⓖ MTR Sheung Wan역 A2 출구에서 도보 6분
Ⓐ 18 Tung St, Central
Ⓗ 매일 07:00-16:00
Ⓟ 주빠빠오 HK$35, 밀크티 HK$25~

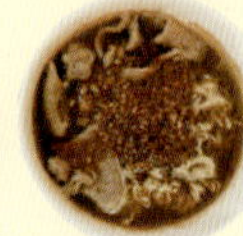

22 Ships

22 십스 | 스페인 요리 |

완차이 거리의 이름을 딴 22 십스가 2024년 9월 센트럴 PMQ에 새 둥지를 틀었다. 스페인에서 직접 공수한 재료로 만든 요리를 선보이며, 맥주 애호가들에게 최고의 안주를 선사한다. 가장 무난한 빠에야와 한국에서 인기 많은 판 콘 토마테도 좋지만 하몽, 문어 등 본토의 맛을 간직한 다양한 메뉴에 도전해보자.

ⓖ MTR Sheung Wan역 E2 출구에서 도보 5분
Ⓐ PMQ - Staunton, Staunton St, Central
Ⓗ 디너 화~일요일 18:00-23:00, 월요일 휴무
Ⓟ 문어 먹물 빠에야 HK$468, 판 콘 토마테 HK$78

Yardbird 麥奀雲吞麵世家

야드버드 | 선술집 |

세련된 이자카야 스타일의 인기 술집으로 오픈 시간부터 입장을 기다리는 사람들로 북적인다. 가장 인기 있는 메뉴는 고기에 달걀 노른자를 곁들인 바삭한 미트볼과 옥수수의 달콤함과 고소함을 가득 머금은 옥수수튀김이다. 야드버드에서만 맛볼 수 있는 닭의 갑상선과 뇌실과 같은 희귀한 부위 꼬치도 추천한다.

ⓖ MTR Sheung Wan역 A2 출구에서 도보 5분
Ⓐ Winsome House, 154-158 Wing Lok St, Shops A and B, Sheung Wan
Ⓗ 화~토요일 18:00-24:00, 일~월요일 휴무
Ⓟ 미트볼 HK$56, 옥수수튀김 HK$130

Little Bao
리틀 바오 | 버거 |

지난 2013년 셰프 메이 초우May Chow가 '버거처럼 즐기는 바오Bao'라는 콘셉트로 선보인 창의적인 다이닝 스폿이다. 말 그대로 햄버거 번으로 일반적인 빵이 아닌 찐빵 느낌의 하얀색 바오를 사용하는데 홍콩식 번 버거라는 신선한 미식 트렌드를 만들어냈다는 평이다. 매장은 네온사인의 베이비 번 로고와 함께 작지만 개성 강한 인테리어로 시선을 끌고 있으며 이른 저녁 시간에도 대기 줄이 생길 만큼 현지 젊은 층 사이에서는 핫 플레이스로 통한다.

Ⓒ MTR Sheung Wan역 A2 출구에서 도보 5분
Ⓐ 1-3 Shin Hing St, Central
Ⓗ 화~일요일 12:00-16:00, 18:00-22:00, 월요일 휴무
Ⓟ 런치 메뉴 더 플라잉 솔로 HK$158

Snack Baby Gelato & Drinks
스낵 베이비 젤라토 & 드링크
| 젤라토, 바 |

젤라토 아이스크림과 칵테일, 맥주를 함께 판매하는 독특한 콘셉트의 카페다. 전통 유제품 젤라토는 물론 유당 프리, 비유제품 옵션까지 갖춰 다양한 취향을 만족시킨다. 젤라토 아이스크림은 맛을 본 후 선택 가능한데, 대표 메뉴로는 피스타치오 크런치, 시칠리안 레몬 딜라이트, 민트 스트라치아텔라 등이며 매번 로테이션되는 약 14가지 맛이 준비된다.

Ⓒ MTR Sheung Wan역 A2 출구에서 도보 7분
Ⓐ 93-95, Hollywood Rd, Central
Ⓗ 일~수요일 12:00-22:00, 목~토요일 12:00-24:00
Ⓟ 젤라토 아이스크림 3스쿱 스몰 HK$58

Vission Bakery

비전 베이커리 | 베이커리 |

소호의 언덕길에 자리한 비전 베이커리는 '디 저트계의 패션 편집숍'이라 불릴 정도로 감각 적인 비주얼과 완성도를 자랑하는 베이커리다. 2023년 오픈 이후 현지 젊은 층과 여행자 사이 에서 힙한 베이커리로 빠르게 이름을 알렸다. 대표 메뉴는 바삭한 페이스트리 위에 피스타치 오 크림이 흘러내리는 피스타치오 커스터드 데 니시다. 매장 바로 옆에 케이크 전문점 비전나 인Vission Nine도 있어 케이크에 관심이 있다면 함께 들러보기 좋다.

ⓒ MTR Central역 D2 출구에서 도보 10분
Ⓐ 7 Staunton St, Central
Ⓗ 월~금요일 07:30-21:00, 토~일요일 09:00-21:00
Ⓟ 피스타치오 커스터드 데니시 HK$68

Linlee 檸檬茶

린리 | 음료 |

보기만 해도 시원한 린리의 음료는 홍콩의 무더위 속에 서 한 모금 마시는 순간 빛을 발한다. 노란 오리 피규어 를 랜덤으로 얹어서 제공하며 여름에는 튜브를 낀 오리 부터 겨울이면 털모자를 쓴 오리까지 다양한 피규어를 모으는 재미가 있다. 주메뉴는 상큼한 레몬티이며, 우롱 이나 아로마를 곁들인 레몬티, 자두나 멜론 등 과일과 함 께 즐기는 레몬티 등 여러 응용 메뉴도 가득하다. 테이 크 아웃 전문점으로 포장만 가능하며 프랜차이즈로 거리 곳곳에서 쉽게 매장을 만날 수 있다.

ⓒ MTR Central역 D2 출구에서 도보 7분
Ⓐ Lyndhurst Building, Lyndhurst Terrace, Central
Ⓗ 월~목요일 11:00-22:15, 금~일요일 11:00-23:15
Ⓟ 시그니처 레몬티 HK$30, 밀크티 HK$29

IFC Mall
國際金融中心商場
IFC 몰

여유로운 쇼핑은 물론 화려한 항구가 보이는 곳에서의 식사까지 모두 갖춘 복합 쇼핑몰이다. '응커피'로도 통하는 고소한 아라비카 커피, 화장품 몰 세포라, 홍차의 정석 TWG, 고급 식료품점 시티슈퍼, 그리고 부담 없는 담백한 맛의 완탕 전문점 '정두' 외에도 200개가 넘는 브랜드가 곳곳에 포진해 있다. AEL 홍콩역에 직접 연결되는 만큼 여행 마지막 날 공항에 가기 전 쇼핑을 즐기며 효율적인 동선으로 여행을 마무리하는 것을 추천한다.

ⓖ MTR Hong Kong역에서 바로 연결
Ⓐ 8 Finance St, Central, Hong Kong
Ⓗ 매일 09:00-22:00(매장별 다름)

Lane Crawford 連卡佛
레인 크로포드

홍콩 최대 규모의 명품 편집숍으로 고급스러움과 화려함으로 무장해 하버 시티, 퍼시픽 플레이스, IFC 몰 등에 입점해 그 자리를 굳건히 하고 있다. 특히 규모가 가장 큰 IFC 몰의 매장에서는 빈티지 컬렉션 섹션에 샤넬, 에르메스, 롤렉스 등 럭셔리한 제품이 제 빛을 뽐내고 있다. 프로모션과 할인 행사가 많아 생각보다 저렴한 금액으로 '득템'이 가능하다.

ⓖ IFC 몰 L3층
Ⓐ 3/F IFC MALL, 8 Finance St, Central, Hong Kong
Ⓗ 매일 10:00-21:00

Landmark 置地廣場
랜드마크

채터 하우스, 랜드마크 아트리움, 랜드마크 프린시스, 알렉산드라 하우스까지 총 4개 건물로 구성된 이곳은 들어서는 순간 펼쳐지는 높은 천장과 따뜻한 채광까지 모든 요소가 이곳이 최고급임을 말해준다. 한국에서 접하기 어려운 한정판 상품을 구할 수 있으니 기회를 놓치지 말자. 특히 랜드마크 프린시스 건물에 들어선 올리버스 더 델리카트슨Oliver's the Delicatessen은 수입 식료품 매장으로서 특별한 선물이나 기념품을 찾는 여행객에게 추천할 만하다.

ⓖ MTR Central역 G, H, E, K 출구와 각각 연결
ⓐ 랜드마크 아트리움 15 Queen's Rd Central, Central
ⓗ 매일 07:00-00:00(매장별 다름)

Select-18
셀렉트-18

자그마한 수집품들이 오밀조밀 모여 있는 빈티지 소품점이다. 발 디딜 틈 없이 빼곡히 늘어선 빈티지한 소품, 가방, 모자, 그리고 오래된 라디오와 레코드들이 지나간 세월을 껴안고 있어 작은 박물관을 연상케 한다. 옛 정취를 가득 담은 홍콩의 숨은 보석들을 구경하고 있자면 시간이 어떻게 흘러가는지 모를 정도. 의미 있는 기념품 하나만으로도 홍콩 여행의 향수를 느끼기에 충분하다.

ⓖ MTR Sheung Wan역 A2 출구에서 도보 6분
ⓐ 14 Tung St, Sheung Wan
ⓗ 매일 12:00-19:00

Victoria Peak
太平山頂
빅토리아 피크

홍콩의 마천루들을 발 아래로 내려다볼 수 있는 곳, 그래서 전망 좋기로 유명한 홍콩에서 단 한 곳의 전망대를 고르라면 주저 없이 선택해야 할 곳, 바로 빅토리아 피크다. 정상에 올라 빅토리아 하버 전체를 한눈에 담는 것도 좋지만 트램을 타고 빅토리아 피크 정상까지 올라가는 것 자체가 테마파크의 어트랙션을 타는 것처럼 스릴이 넘친다. 아무리 짧게 머무는 여행자라 해도 반드시 일정에 넣어야 할 곳. 빅토리아 피크로 떠나보자.

빅토리아 피크로 이동하는 방법

피크 트램 The Peak Tram

빅토리아 피크에 오르는 사람 대부분은 산악 열차인 피크 트램을 이용한다. 피크 트램 정류장에서 피크 타워까지는 10분 정도의 짧은 구간이지만 45° 급경사 길을 오르는 동안 빅토리아 하버와 도심 빌딩들이 수풀 사이로 천천히 모습을 드러내며 잊지 못할 풍경을 선사하기 때문이다. 다만 언제 가도 승차권 구입 줄이 길어 최소 1시간은 대기해야 한다. 따라서 가능하면 옥토퍼스 카드를 이용하거나 사전에 승차권을 구입해 바로 탑승 줄로 이동하자. 이렇게 해야 대기 시간을 조금이라도 줄일 수 있다.

ⓒ MTR Central역 K 출구에서 도보 10분
Ⓐ 33 Garden Rd, Central
Ⓗ 매일 07:30~23:00
Ⓟ 성인 편도/왕복 HK$76/108 (3~11세 어린이, 65세 이상 50% 할인)

버스

피크 트램 줄이 너무 길다면, 시간 절약이 가능한 버스가 대안이 될 수 있다.

- **1번 미니버스**
  피크 타워까지 50분 소요, 편도 HK$11.8
  센트럴 스타 페리 선착장 3, 4번 부두 앞 육교 건너편에 있는 IFC 미니버스 정류장 탑승

- **15번 2층 버스**
  피크 타워까지 45분 소요, 편도 HK$13
  센트럴 스타 페리 선착장 6번 부두 앞 터미널 탑승

The Peak Tower 凌霄閣
피크 타워

피크 트램 종점이다. 전망대 스카이 테라스 428까지 에스컬레이터로 연결되며, 옥토퍼스 카드 소지 시 전망대 입장이 가능하다. 건물 내에는 레스토랑, 카페, 쇼핑몰 등이 입점해 있으며 영화 〈포레스트 검프〉에 나왔던 레스토랑 부바 검프Bubba Gump가 여행객에게 인기를 끌고 있다.

ⓒ 피크 트램 종점
Ⓐ 128 Peak Rd, The Peak

TIP 빅토리아 피크 여행 팁!

❶ 반드시 날씨가 맑은 날에 올라가야 한다. 구름이 낀 날은 하버 전망이 보이지 않는다. 또한 올라갈 때는 오른쪽으로 앉도록 하자. 왼쪽에서는 전망을 볼 수 없다.

❷ 빅토리아 피크라는 이름으로 유명하지만 공식 명칭은 더 피크The Peak다. 시내 곳곳 안내판에도 더 피크로 되어 있으니 유의하자.

❸ 일반적으로 트램을 타고 올라가지만 걸어 올라가면 홍콩의 마천루들이 점점 눈높이에 맞춰지는 묘한 경치를 즐길 수 있다. 체력에 자신 있다면, 그리고 걷기 여행을 좋아한다면 걸어가는 것도 나쁘지 않다. 올라갈 때는 피크 트램을 타고 내려올 때는 걸어가는 방법도 있다.

Sky Terrace 428
凌霄閣摩天臺 428
스카이 테라스 428

피크 트램을 타고 산 정상에 오르는 궁극의 이유, 바로 스카이 테라스 428 전망대다. 높이가 428m에 달해 이름 끝에 428이 붙었다. 홍콩의 대표적인 야경 명소이자 꼭 밤이 아니어도 빅토리아 하버의 숨 가쁜 전경을 한눈에 담을 수 있어 언제 가도 인산인해를 이룬다. 다만, 날씨가 조금이라도 흐리면 마천루들이 구름에 가려 보이지 않기 때문에 날씨가 좋은 날로 잘 선택해야 한다.

ⓒ 피크 타워에서 에스컬레이터로 이동
Ⓐ 128 Peak Rd, The Peak
Ⓗ 월~금요일 10:00-22:00, 토~일요일, 공휴일 08:00-22:00
Ⓟ 성인 HK$75, 3~11세, 65세 이상 HK$38

Lion's Pavillion
太平山獅子亭
라이언스 파빌리온

피크 타워가 생기기 훨씬 전인 1970년대부터 전망대로서 여행객들의 사랑을 받아온 곳이다. 작은 규모이긴 하나 오히려 사람이 많지 않아 스카이 테라스 428보다 한적하게 전망을 누릴 수 있다. 지붕이 있어 비가 오는 날이면 스카이 테라스 428보다 사람이 많아진다는 사실이 재미있다. 이곳에서 바라본 도시의 전경도 숨 막히게 아름답기 때문에 시간이 남는다면 들러보길 추천한다.

ⓒ 피크 타워에서 도보 1분
Ⓐ Findlay Rd, The Peak

Madame Tussauds Hong Kong
香港杜莎夫人蠟像館
마담 투소 박물관

런던, 라스베이거스, 뉴욕 등을 여행해본 사람이라면 한 번쯤 들어봤을 밀랍 인형 박물관이다. 이소룡, 성룡 같은 중화권 스타는 물론 김수현, 수지, 임시완 등 한국의 스타들까지 총 100여 개의 밀랍 인형이 전시되어 있다. 현실에서는 더 이상 만날 수 없는 장국영의 밀랍 인형은 언제나 인기 만점이다. 입장권은 온라인 구매가 현장 구매보다 저렴하니 방문 계획이 있다면 사전에 구매해 오는 편이 좋다.

ⓒ 피크 트램 종점
Ⓐ Shop P101, The Peak Tower, No, 128 Peak Rd, The Peak
Ⓟ 성인 HK$300, 2~11세, 65세 이상 HK$255

Lugard Road Lookout
盧吉道觀景台
루가드 로드 전망대

잡지, 엽서 등에서 보던 홍콩 야경의 대부분이 이곳에서 촬영되었을 만큼 환상적인 전망을 선사한다. 피크 타워에서 20분가량 숲속 오솔길을 따라가야 하는데 가로등이 많지 않아 밤이라면 어둡고 모기도 많지만, 설렘을 안고 오르다 보면 어느 순간 수풀 사이로 도시의 불빛이 보이기 시작한다. 전망대에 다다르면 탁 트인 빅토리아 하버의 풍광이 파노라믹 뷰로 펼쳐진다. 대부분의 사람들이 스카이 테라스 428에서 전망을 누리기 때문에 명당을 놓칠까봐 조바심 낼 필요도 없다.

Ⓖ 피크 타워 정문을 등지고 오른쪽 뒤편, 표지판 Lugard Rd를 따라 약 20분 이동
Ⓐ Lugard Rd, The Peak

빅토리아 피크

Wan Chai / Admiralty
灣仔 / 金鐘
완차이 / 애드미럴티

완차이, 애드미럴티 일대는 소위 요즘 뜨는 핫 플레이스지만 시끌벅적하기보다 고요함이 감도는 곳이다. 오래된 좁은 골목길을 2층 구조의 트램이 아슬아슬하게 지나가고, 낡은 건물에 들어선 카페에서는 나른하게 기대앉은 사람들이 오후의 햇살을 만끽한다. 트렌디한 장소와 역사적 건물이 공존하며 과거와 현재의 경계가 흐려지는 곳, 그래서 전문가가 아니어도 누구나 인생 사진을 건질 수 있는 곳. 완차이와 애드미럴티야말로 침사추이나 센트럴보다, 어쩌면 진짜 여행의 재미를 간직한 곳일지 모른다. 이곳이라면 지도 앱에 의지하지 말고 무작정 길을 나서보자. 낯선 골목에서 마주하는 모든 것이 여행의 지표가 되어줄 것이다.

Things to Do

스타 스트리트 산책

감각적인 카페와 숍이 많은 스타 스트리트에서 여행의 낭만과 여유를 만끽

원 하버 로드 딤섬 맛보기

딤섬 주름의 개수까지 13개로 맞춰 만드는 장인의 손맛 경험하기

더 폰 인증숏

1888년 지어진 완차이의 대표 건물, 더 폰 앞에서 인증숏 남기기

찾아가기

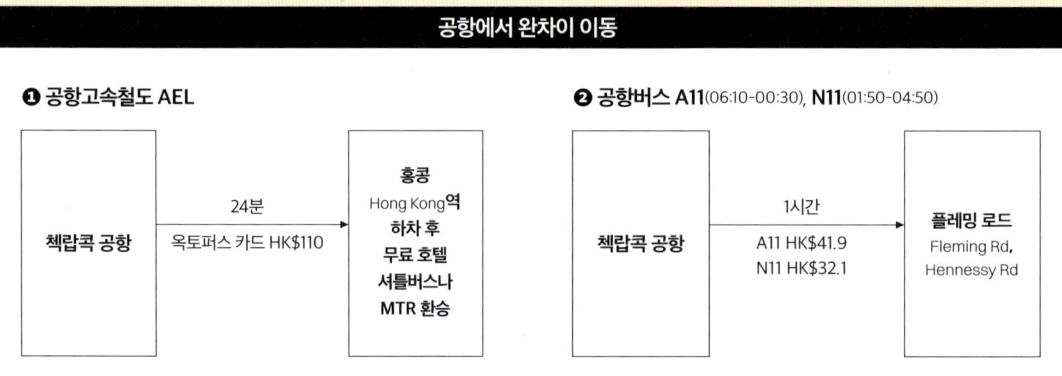

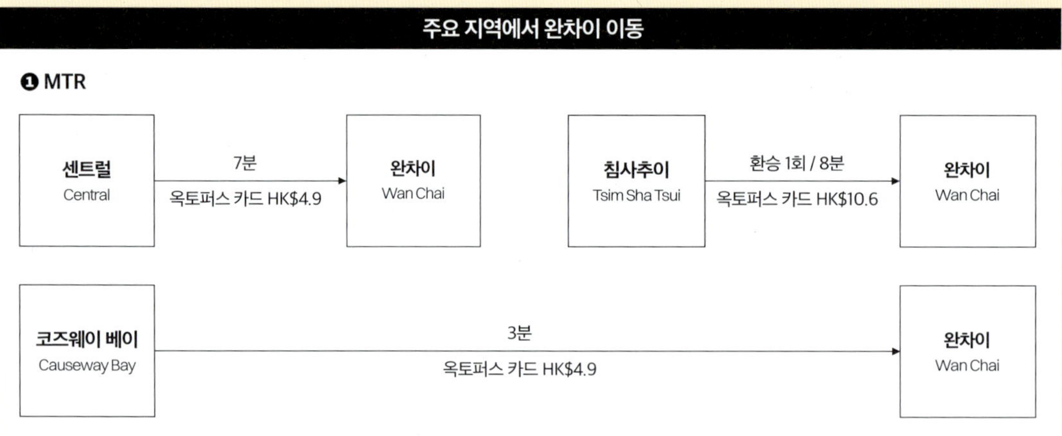

Hong Kong Convention and Exhibition Centre
香港會議展覽中心
홍콩 컨벤션 센터

1997년 홍콩의 중국 반환 기념식이 열렸던 아시아 최대 규모의 전시회장이다. 현재는 도서전, 박람회, 아트 바젤 등 여러 글로벌 전시를 개최하고 있다. 날아오르는 새나 가오리 같기도 한 독특한 외관은 두바이의 부르즈 할리파Burj Khalifa를 만든 미국 건축사 SOM의 작품. 하나의 예술 작품인 듯 보는 이의 호기심을 자극한다.

ⓒ MTR Wan Chai역 B2 출구에서 도보 6분
Ⓐ 1 Expo Dr, Wan Chai

Blue House 藍屋
블루 하우스

홍콩의 오랜 역사에 현대적인 감각을 덧칠한 이 건물은 어린이의 그림 속에 등장할 것 같은 쨍한 파란색으로 모두의 이목을 끈다. 1920년대에 지어진 통라우 건물로 홍콩 정부에 의해 문화재급 관리를 받고 있다. 통라우 건물은 19세기 유행하던 중국식 다세대 주택으로 블루 하우스는 현존하는 유일한 통라우 건물이다. 주변의 옐로 하우스, 오렌지 하우스와 조화를 이뤄 독특한 매력을 발산한다.

ⓒ MTR Wan Chai역 A3 출구에서 도보 8분
Ⓐ No. 72A Stone Nullah Ln, Wan Chai

Lee Tung Avenue
利東街
리퉁 애비뉴

디자이너 액세서리부터 선물 가게, 꽃집까지 다양한 상품을 판매하는 상점이 줄지어 있어 구경하는 재미가 쏠쏠한 거리다. 길 한가운데 놓인 벤치는 언제든 쉬어 가도 좋다는 듯 자리를 내어준다. 포장한 디저트와 음료가 있다면 거리를 빼곡히 수놓은 풍등 아래서 더위를 식히며 즐겨도 좋고, 해가 진 후 방문해 활기찬 홍콩의 밤거리를 거닐어도 좋다.

Ⓒ MTR Wan Chai역 B1 출구에서 도보 4분
Ⓐ 200 Queen's Rd E, Wan Chai
Ⓗ 10:00-22:00(매장별 다름)

The Pawn 和昌大押
더 폰

수많은 문화재급 건물 가운데 완차이를 대표하는 건물로서 이름에서 알 수 있듯 1888년 처음 지을 당시 전당포 건물이었다. 이후 여러 레스토랑과 카페가 들어서고 사라지고를 반복했는데 현재에도 우청 티 하우스Woo Cheong Tea House라는 카페로 운영되고 있다. 건물이 오래된 만큼 여러 차례 리모델링을 거치긴 했지만 처음 지을 당시의 겉모습은 거의 변함없이 그대로 남아 있다. 완차이라는 곳 자체가 옛것과 새것이 조화롭게 공존하는 곳인데 그런 완차이의 특성을 가장 극명하게 보여주는 건물이 바로 더 폰이다.

Ⓒ MTR Wan Chai역 A3 출구에서 도보 4분
Ⓐ 62 Johnston Rd, Wan Chai

Star Street 星街
스타 스트리트

과거의 흔적이 가득한 거리는 젊은 열기가 시간의 간격을 메우며 새로운 에너지를 불어넣고 있다. 영국 식민지 시절 외국인이 주로 찾던 거리인 스타 스트리트가 최근 모던한 카페와 세련된 상점이 들어서면서 다시 주목받고 있다. 완차이가 트렌드 세터의 새로운 대안으로 떠오른 것 자체가 스타 스트리트 덕분. 현재 홍콩에서 가장 핫한 곳을 찾는다면 주저 없이 스타 스트리트로 향하면 된다.

Ⓒ MTR Wan Chai역 B1 출구에서 도보 10분
Ⓐ Star St, Wan Chai

Modern China Restaurant

金滿庭京川滬菜館

모던 차이나 레스토랑 |상하이 요리 |

한국인 입맛에도 잘 맞는 상하이 스타일 레스토랑으로, 합리적인 가격과 폭넓은 메뉴로 현지인과 관광객 모두에게 사랑받는 곳이다. 특히 딤섬의 정석 샤오롱바오와 게살이 가득 든 볶음밥이 인기가 좋다. 오후 2시 30분부터 4시까지는 티타임으로, 전용 티 세트 메뉴와 함께 좀 더 저렴한 가격으로 즐길 수 있으니 참고하자.

Ⓖ MTR Wan Chai역 D 출구에서 도보 4분
Ⓐ Lee Tung St, Wan Chai
Ⓗ 매일 11:45-22:00
Ⓟ 게살볶음밥 HK$198, 티 세트 HK$70~86

One Harbour Road

港灣壹號

원 하버 로드 |광둥 요리 |

전통 방식 그대로의 점심 한정 딤섬 메뉴를 선보이며 2주 간격으로 메뉴를 교체한다. 딤섬을 잘하는 집은 하가우의 주름이 13개로 일정하다는데 원 하버 로드의 하가우가 주름이 정확히 13개다. 무게마저 26g에 맞춘다고 하니 이쯤 되면 이 집의 셰프는 딤섬 장인이라 해도 과언이 아니다. 특이한 건 반죽에 시금치를 가미해 딤섬이 푸른빛을 띤다는 것. 덕분에 보기도 예쁘지만 풍미 또한 배가되었다.

Ⓖ MTR Wan Chai역 C 출구에서 도보 10분
Ⓐ 8/F, Grand Hyatt Hong Kong, 1 Harbour Rd, Wan Chai
Ⓗ 월~금요일 12:00-14:30, 18:00-00:00, 토~일요일 12:00-15:00, 18:00-00:00
Ⓟ 시우마이 HK$98, 샤오롱바오 HK$92

Pici

피치 | 이탈리언 |

스타 스트리트 한복판에 자리한 피치는 홍콩에서 가장 사랑받는 수제 파스타 레스토랑 중 하나다. 'Pasta Bar' 콘셉트로 꾸며진 작은 공간이지만 따뜻한 조명과 이탈리아 현지 음악이 어우러져 이국적인 분위기를 자아낸다. 매일 아침 직접 반죽한 생면으로 만든 타글리올리니 트러플과 부드러운 라자냐 클래시카가 시그니처 메뉴다.

Ⓒ MTR Wan Chai역 D 출구에서 도보 7분
Ⓐ 16 St Francis Yard, Wan Chai
Ⓗ 일~목요일 11:30-22:00, 금~토요일 11:30-22:30
Ⓟ 타글리올리니 트러플 HK$198, 라자냐 클래시카 HK$130

Capital Cafe 華星冰室

캐피탈 카페 | 차찬텡 |

아침부터 많은 사람들로 북적이는 곳. 시그니처 메뉴는 '교장 토스트Principal Toast'라는 독특한 이름의 토스트인데, 홍콩의 전설적인 스타 알란 탐의 별명인 '탐 교장'에서 따온 것이다. 상호명 자체가 장국영, 매염방, 알란 탐의 소속사 '캐피탈 아티스트'에서 따온 것. 그 시절부터 지금까지 한결같은 인기를 자랑하는 유서 깊은 가게다. 교장 토스트는 두툼한 빵 위에 스크램블드에그를 얹고 그 위에 트러플을 뿌린 것으로, 부드러운 빵과 향긋한 트러플의 조화가 입안 가득 만족감을 준다.

Ⓒ MTR Wan Chai역 A4 출구에서 도보 6분
Ⓐ 6 Heard St, Wan Chai
Ⓗ 월~토요일 07:00-22:00, 일요일 07:00-21:00
Ⓟ 교장 토스트 HK$53, 밀크티 HK$22

Sun King Yuen Restaurant

新景園咖喱小廚

선킹유엔 레스토랑 |로컬|

영업시간이 짧은데도 불구하고 오픈 전부터 긴 대기 줄이 형성되는 이곳은 다른 로컬 식당과 달리 인심 좋은 양으로 유명하다. 짙은 농도의 카레는 익숙한 맛으로 방문객의 입맛을 사로잡으며, 바삭하고 도톰한 카츠는 감칠맛이 뛰어나다.

Ⓖ MTR Wan Chai역 B1 출구에서 도보 4분
Ⓐ 20 Spring Garden Ln, Wan Chai
Ⓗ 월~토요일 11:30-14:30, 18:30-20:30, 일요일 휴무
Ⓟ 점심 특가 HK$55~, 돼지갈비 커리 HK$96

My Cup of Tea 我杯茶

마이 컵 오브 티 |차찬텡|

식사와 밀크티를 함께 즐길 수 있는 가게로, 언제 가도 사람들로 가득한 분주한 모습이다. 깊고 농축된 풍미를 자랑하는 밀크티와 스크램블드에그를 가득 넣은 샌드위치가 대표 메뉴이며 차찬텡의 기본인 보로바오가 맛있기로도 소문난 집이다.

Ⓖ MTR Wan Chai역 B1 출구에서 도보 3분
Ⓐ 6 Spring Garden Ln, Wan Chai
Ⓗ 매일 07:00-19:00
Ⓟ 달걀 샌드위치 HK$25, 밀크티 HK$25

Blend & Grind Starstreet

블렌드 & 그라인드 스타스트리트 |카페|

스타 스트리트 중심에 위치한 스페셜티 커피 전문점으로 현지 직장인과 방문객 모두에게 사랑받는다. 호주식 라이트 로스팅의 밸런스 있는 커피를 제공하는데 콜드 브루, 플랫 화이트, 시즌 한정 블렌드 등 메뉴 구성 또한 탄탄한 편이다. 미니멀한 공간이지만 커다란 통창을 통해 자연광이 들어와 편안하고 안락한 분위기를 만끽할 수 있다. 해가 지면 펍으로 변신해 가벼운 안주와 함께 맥주를 즐기기에도 좋은 곳이다.

Ⓖ MTR Wan Chai역 B1 출구에서 도보 8분
Ⓐ Shun Ho Building, 1 Sun St, Wan Chai
Ⓗ 화~금요일 08:00-22:00, 토~일요일 08:00-20:00, 월요일 08:00-21:00
Ⓟ 롱블랙 HK$30, 플랫 화이트 HK$42

APT Coffee

APT 커피 │ 브런치 │

우리나라의 망원동에서 접할 수 있는 작은
규모의 동네 카페와 비슷한 곳이다. 커피
는 용량과 블렌딩을 선택할 수 있으며 이 집의 시
그니처 브런치 메뉴인 오픈 토스트 역시 토핑을 직접 골라 즐길 수
있다. 바삭한 발효 빵과 풍성하고 화려한 토핑의 균형이 훌륭하다.

ⓒ MTR Wan Chai역 B1 출구에서 도보 10분
Ⓐ 12 Moon St, Wan Chai
Ⓗ 매일 08:00-18:00
Ⓟ 2가지 토핑 오픈 토스트 HK$70

Ralph's Coffee 拉夫勞倫咖啡

랄프스 커피 │ 카페 │

뉴욕 패션 브랜드 Polo Ralph Lauren이 선보이는 카페로 미국의
감성과 홍콩 도심의 모던함이 적절하게 어우러진 공간이다. 진짜
미국 카페 느낌을 살린 내부 인테리어는 다크 그린과 골드로 구성
되어 폴로 랄프 로렌의 아이덴티티를 보여준다. 커피잔, 접시 등
클래식한 로고로 디자인된 브랜드 제품도 판매해 선물용 물품을
고르기에도 그만이다.

ⓒ 쇼핑몰 퍼시픽 플레이스Pacific Place 1층
Ⓐ Shop 100A, Level 1, Pacific Place, 88 Queensway, Admiralty
Ⓗ 월~금요일 08:00-20:00, 토~일요일 10:30-20:00
Ⓟ 랄프스 커피 HK$40, 카푸치노 HK$45

A Basic Coffee Production

A.B.C.P │ 카페 │

가게는 협소하지만 커피에 대한 열정만큼은 풍성하게 느껴지
는 아늑한 공간이다. 커피는 진하고 깊은 원두 그 자체를 즐기
는 블랙Black과 라테류인 화이트White가 대표 메뉴인데 이
둘을 모두 맛보는 와이 낫 보스Why Not Both라는 재미난 메
뉴도 있다. 브런치 메뉴도 판매하지만 커피에 집중하는 곳답
게 브런치보다는 커피와 가벼운 스낵 정도가 적당하다.

ⓒ MTR Wan Chai역 D 출구에서 도보 4분
Ⓐ 3 Ming Yan Ln, Tai Wong St E, Wan Chai
Ⓗ 매일 09:00-18:00
Ⓟ 아메리카노 HK$40, 플랫 화이트 HK$45

SHOPPING

Pacific Place 太古廣場
퍼시픽 플레이스

하버 시티, IFC 몰과 함께 홍콩의 3대 쇼핑몰 중 하나로 PP라는 애칭으로 통한다. 다른 쇼핑몰이 명품부터 캐주얼 브랜드까지 모두 취급하는 반면 퍼시픽 플레이스는 오직 명품과 유명 디자이너의 숍만 취급하며 차별화에 성공했다. 미식 공간 또한 예 상하이, 폴 라파예트 등 미쉐린 레스토랑이나 유명 브랜드 위주로 입점해 퍼시픽 플레이스의 품격을 대변한다.

ⓒ MTR Admiralty역 F 출구와 연결
Ⓐ 88 Queensway, Admiralty
Ⓗ 매일 10:00-22:00

Kapok
카폭

2006년 홍콩에서 시작한 편집숍으로 센트럴과 침사추이를 넘어 싱가포르와 대만까지 진출하며 어느새 홍콩을 대표하는 패션 몰 브랜드로 자리 잡았다. 미국의 액세서리 브랜드 키엘 제임스 패트릭Kiel James Patrick이나 프랑스의 신발 브랜드 벤시몽Bensimon 등 취급하는 브랜드만 봐도 카폭의 남다른 감각을 짐작케 한다.

ⓒ MTR Wan Chai역 B1 출구에서 도보 10분
Ⓐ 8 Sun St, Wan Chai, Hong Kong
Ⓗ 월~토요일 11:00-20:30, 일요일 11:00-20:00

Monocle Shop
모노클 숍

영국의 잡지사에서 시작해 홍콩에만 2개 지점을 낸 라이프스타일 편집숍이다. 매장 내부에는 향수, 다이어리, 우산, 양말 등 다양한 브랜드와 컬래버레이션한 제품이 정갈하게 채워져 있다. 화려한 홍콩에서 단조롭고 차분한 매력으로 한 번, 심플하면서도 세련미를 더한 제품으로 두 번 이목을 끄는 가게다.

ⓒ MTR Wan Chai역 B1 출구에서 도보 10분
Ⓐ 1-4 St Francis Yard, Wan Chai
Ⓗ 월~토요일 11:00-19:00, 일요일 휴무

Hung Hing Toys
鴻興玩具
홍 힝 토이즈

피규어와 미니어처에 관심 많은 키덜트들을 위한 공간이다. 일본, 홍콩, 미국 등 글로벌 컬렉팅 아이템을 폭넓게 취급하는데 매장 규모는 작지만 한정판 경찰차 모델부터 값비싼 대형 피규어까지 다양하게 구비되어 있다. 마니아뿐 아니라 어린이들이 좋아할 만한 장난감도 많아 가족여행객이라면 한 번쯤 들러보기 좋다.

Ⓖ MTR Wan Chai역 B2 출구에서 도보 4분
Ⓐ 19 Tai Yuen St, Wan Chai
Ⓗ 매일 09:30-20:00

King Tak Hong Porcelain Company Limited
景德行瓷業有限公司
킹 탁 홍 도자기 회사

완차이의 오래된 도자기용품 전문점이다. 전통적인 청백 도자기부터 유리잔, 찻잔 세트, 젓가락, 공기 등 다양한 중국식 식기류가 진열되어 있는데 눈길을 끄는 것은 단연 홍콩 전통 문양의 그릇과 주전자 등이다. 색깔과 모양이 다양할 뿐 아니라 금액도 저렴해서 기념품이나 선물용으로 손색이 없다. 평소 예쁜 그릇을 모은다면 시간 가는 줄 모르고 구경하게 될 곳이다.

Ⓖ MTR Wan Chai역 A2 출구에서 도보 7분
Ⓐ Gold Harbour Mansion, 128, Queen's Rd E, Wan Chai
Ⓗ 월~화요일, 목~토요일 09:30-19:00, 수, 일요일 휴무

Causeway Bay
銅鑼灣
코즈웨이 베이

뉴욕에 5번가가 있고 파리에 샹젤리제가 있다면 홍콩에는 코즈웨이 베이가 있다. 침사추이와 센트럴에도 대형 쇼핑몰이 즐비해 쇼핑이라면 홍콩 어디서든 누릴 수 있지만 그럼에도 쇼핑을 목적으로 홍콩에 왔다면 백화점부터 신진 아티스트들의 작은 디자인 숍까지 모두 들어선 코즈웨이 베이를 빼놓긴 아쉽다. 수많은 사람들이 양손 가득 쇼핑백을 들고 거리를 오간다. 홍콩의 젊은 문화가 끊임없이 태동하는 곳, 트렌드의 총체 코즈웨이 베이로 떠나보자.

Things to Do

파라다이스 다이너스티 방문

천연 재료를 사용해 8가지 색을 낸 샤오롱 바오 맛보기

익청빌딩에서 인생숏 남기기

사진 촬영을 위해 홍콩에 왔다면 놓칠 수 없는 스폿

한국에는 없는 우유 푸딩 맛보기

우유 푸딩 하나로 일약 스타덤에 오른 이 슌 밀크 컴퍼니 방문

찾아가기

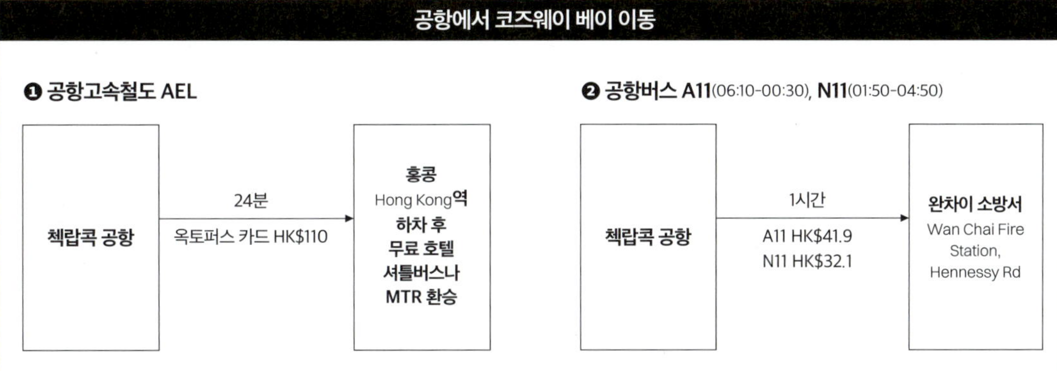

공항에서 코즈웨이 베이 이동

❶ 공항고속철도 AEL

| 첵랍콕 공항 | 24분
옥토퍼스 카드 HK$110 → | 홍콩
Hong Kong **역**
하차 후
무료 호텔
셔틀버스나
MTR 환승 |

❷ 공항버스 A11(06:10-00:30), **N11**(01:50-04:50)

| 첵랍콕 공항 | 1시간
A11 HK$41.9
N11 HK$32.1 → | 완차이 소방서
Wan Chai Fire Station,
Hennessy Rd |

주요 지역에서 코즈웨이 베이 이동

❶ MTR

| 침사추이
Tsim Sha Tsui | 환승 1회 / 11분
옥토퍼스 카드 HK$13.2 → | 코즈웨이 베이
Causeway Bay |

| 센트럴
Central | 7분
옥토퍼스 카드 HK$5.9 → | 코즈웨이 베이
Causeway Bay |

Victoria Park 維多利亞公園
빅토리아 공원

홍콩 섬 중앙에 위치한 홍콩에서 가장 큰 공원으로, 이름에서 유추할 수 있듯 빅토리아 여왕의 동상이 들어선 곳이다. 20여 년 전 대대적인 개선 사업 이후 수영장, 축구 경기장, 볼링장, 농구장 등 다양한 시설을 두루 갖추기 시작했다. 명절이 되면 새빨간 풍등과 다양한 조형물이 들어서며 이곳이 홍콩 섬의 중심임을 당당히 증명해낸다.

ⓒ MTR Tin Hau역 A2 출구에서 도보 3분
Ⓐ 1 Hing Fat St, Causeway Bay

Noon Day Gun 怡和午炮
눈 데이 건

매일 낮 12시가 되면 '펑' 하는 소리와 함께 포를 쏘아 홍콩의 정오를 알린다. 원래 마카오에 있던 것을 1860년 홍콩으로 옮겨온 것으로, 160년이 넘는 세월 동안 매일 포를 쏘며 홍콩 섬 주민들의 삶에 자연스레 녹아들었다. 홍콩 반환 전까지만 해도 영국군이 포를 쏘았지만 지금은 중국군이 쏜다. 발포 직후부터 20분까지는 포대가 개방되어 안에서 구경할 수 있다.

ⓒ MTR Causeway Bay역 D4 출구에서 도보 7분
Ⓐ Gloucester Rd, Causeway Bay
Ⓗ 매일 07:00-24:00(오전에 가야 발포 현장 확인 가능)

Times Square 時代廣場
타임스 스퀘어

쇼핑을 목적으로 홍콩에 왔다면 반드시 들러야 하는 곳 중 하나다. 규모나 입점한 브랜드 수 면에서 홍콩 섬 최대를 자랑하는데 지하 2층부터 9층까지 메인 12개 층에 들어선 브랜드 수만 230여 종. 홍콩에 존재하는 모든 브랜드를 다 만날 수 있다 해도 과언이 아니다. 홍콩의 대표 식재료를 모아놓은 시티 슈퍼City'super나 알짜배기 브랜드만 모아놓은 편집숍 레인 크로포드 Lane Crawford 정도라면 구경 삼아 둘러보기도 좋다.

ⓒ MTR Causeway Bay역 A 출구에서 연결
Ⓐ 1 Matheson St, Causeway Bay
Ⓗ 매일 10:00-22:00

Paradise Dynasty 樂天皇朝

파라다이스 다이너스티 | 딤섬 |

아늑한 분위기에서 퓨전 스타일의 상하이 요리를 선보인다. 게 알, 치즈, 마늘, 수박, 푸아그라 등 8가지 색으로 서빙되는 샤오롱바오가 시그니처 메뉴. 얇은 피가 뜨끈한 국물을 가득 머금어, 먹는 순간 든든함이 퍼진다. 샤오롱바오뿐 아니라 치킨 요리가 맛있기로 소문난 곳이다.

ⓒ MTR Causeway Bay역 F1 출구에서 도보 4분
Ⓐ 16/F, Lee Theatre Plaza, 99 Percival St, Causeway Bay
Ⓗ 매일 11:30-22:30
Ⓟ 샤오롱바오 HK$148, 드렁큰 치킨 HK$92

Sister Wah 華姐清湯腩

시스터 와 | 국수 |

카우키와 함께 홍콩의 소고기 국수 2대 명사를 이루는 곳. 오픈 직후부터 한시의 여유도 없이 만석으로 돌아간다. 카우키가 외국인 손님에게 소문난 맛집이라면 시스터 와는 현지인 비중이 압도적으로 높은 로컬 맛집이다. 국물도 다른데 카우키의 육수가 진하고 깊은 스타일이라면 시스터 와는 맑은 곰탕 느낌이다. 2014년부터 미쉐린 빕 구르망에 선정되고 있다는 점이 이 집의 진가를 대변한다.

ⓒ MTR Tin Hau역 A2 출구에서 도보 1분
Ⓐ 13 Electric Rd, Causeway Bay
Ⓗ 매일 11:00-22:45
Ⓟ 소고기 국수 HK$70~

Mother of Pizzas

마더 오브 피자 | 피자 |

얇은 도우와 쫄깃한 식감의 정통 나폴리 피자를 선보인다. 가장 인기 있는 메뉴인 '사랑의 여름'은 촉촉한 도우에 파인애플을 올려 달짝지근한 사랑의 맛을 표현했다. 가게 이름에 가려져 잘 알려지지 않았지만 풍미 깊은 파스타는 피자와의 환상적인 궁합을 선사한다. 특히 진한 맛과 꾸덕한 식감의 버섯 파스타가 일품이다.

ⓒ MTR Causeway Bay역 F1 출구에서 도보 6분
Ⓐ Ground Shop, 13, 19 Leighton Rd, Causeway Bay
Ⓗ 매일 11:30-21:30
Ⓟ 사랑의 여름 HK$238, 트리플 버섯 파스타 HK$168

Kitchen One Roast Goose
大壹燒鵝
키친 원 로스트 구스 | 거위고기 덮밥 |

현지 미식가들이 즐겨 찾는 홍콩식 거위 구이 전문점이다. 거위 요리 하면 가장 먼저 떠오르는 얏록Yat Lok Restaurant이나 캄스 로스트 구스Kam's Roast Goose에 비해 유명세는 덜하지만 품질과 가격의 균형이 좋아 로컬 단골이 많은 곳으로 평가받는다. 1인 세트부터 가족 단위 방문객을 위한 플래터까지 다양하게 구성되어 있어 혼자서도, 여럿이도 즐기기 좋다.

ⓖ MTR Causeway Bay역 A 출구에서 도보 2분
Ⓐ Tang Fai Building, 36-48 Tang Lung St, Causeway Bay
Ⓗ 매일 11:00-22:00
Ⓟ 키친 원 거위 구이 HK$128~

Sick! Burger
식! 버거 | 버거 |

셰프 라이춘Lai Chun이 파인 다이닝에서의 경력을 바탕으로 만든 버거 브랜드로 깊은 맛과 독창적인 토핑 조합으로 유명하다. 대표 메뉴인 식! 버거Sick! Burger는 앵거스 비프 패티, 체더치즈, 베이컨, 달걀프라이 등으로 구성되어 있다. 사이드 메뉴로는 베이컨 치즈 프라이, 커리 치킨 윙, 어니언 링 등이 있어 버거와 함께 조합해 즐기기 좋다.

ⓖ MTR Causeway Bay역 F1 출구에서 도보 7분
Ⓐ 31 Haven St, Causeway Bay
Ⓗ 월~금요일 12:00-21:00, 토~일요일 11:30-21:00
Ⓟ 식! 버거 HK$95, 프렌치프라이 HK$40

Check In Taipei 臺北棧(世貿中心店)
체크 인 타이페이 | 루오우판 |

대만 전통 요리를 현대적으로 재해석한 곳으로 대만의 감성과 홍콩의 미식이 만나는 공간이다. 내부는 타이페이 철도역 콘셉트로 디자인되어 포토 스폿으로도 유명하다. 대표 메뉴로는 소고기 국수, 루오우판(대만식 고기 덮밥) 등이 있다.

ⓖ MTR Causeway Bay역 D4 출구에서 도보 7분
Ⓐ Shop 07, Level 4, The, World Trade Centre, Gloucester Rd, Causeway Bay
Ⓗ 매일 12:00-22:00
Ⓟ 타로 볼 HK$78, 루로우판 HK$68

Casa Cucina & Bar

카사 쿠치나 & 바 | 이탤리언 |

홍콩에서 베네치아의 가정식을 경험할 수 있는 보기 드문 정통 이탤리언 레스토랑이다. 주방을 이끄는 셰프는 미쉐린 3스타 레스토랑인 앰버Amber 출신의 앤서니 청Anthony Cheung으로 오픈 키친을 통해 그의 놀라운 실력을 확인할 수 있다. 대표 메뉴 중 소의 볼살을 활용한 모렐스 파파르델레는 쫄깃한 고유의 식감을 살리면서 파마산 치즈의 향을 가미해 풍미를 추가했다.

Ⓒ MTR Causeway Bay역 D1 출구에서 도보 5분
Ⓐ Shop C & D, Riviera Mansion, 59-65 Paterson St, Causeway Bay
Ⓗ 매일 12:00-22:00
Ⓟ 모렐스 파파르델레 HK$225, 두부 판나코타 HK$58

Yee Shun Milk Company 義順牛奶公司

이슌 밀크 컴퍼니 | 차찬텡 |

평범한 차찬텡 가게로 시작해 우유 푸딩 하나로 일약 스타덤에 오른 맛집이다. 여러 메뉴 중에서도 모든 손님이 빼놓지 않고 주문하는 게 바로 이 집만의 전매특허 우유 푸딩인데, 주해의 목장에서 매일 아침 공수해 온 신선한 우유로 만들어 특유의 부드러움을 자랑한다. 순수 하얀색 우유 푸딩이 가장 인기가 좋지만 그 위에 팥을 올린 종류도 별미다.

Ⓒ MTR Causeway Bay역 D4 출구에서 도보 2분
Ⓐ 506 Lockhart Rd, Causeway Bay
Ⓗ 매일 12:00-23:00
Ⓟ 밀크 푸딩 HK$40, 달걀 푸딩 HK$32

Cheung Hing
Coffee Shop

祥興咖啡室
청힝 커피숍 | 차찬텡 |

50년이 넘은 세월 동안 변치 않은 매력으로 현재까지 사랑받는 차찬텡 가게다. 겉은 바삭하고, 속에는 버터가 들어 있어 부드러운 보로바오가 가장 인기 메뉴이며 투박한 생김새와 담백한 맛의 에그타르트 또한 훌륭한 식감을 자랑한다. 식사 시간에는 웨이팅이 필수지만 속 편한 음식을 먹고 있자면 남은 여정을 거뜬히 이어 나갈 힘이 생긴다.

Ⓖ 트램 Happy Valley Terminus역에서 도보 2분
Ⓐ 9 Yik Yam St, Happy Valley
Ⓗ 매일 07:00-17:00
Ⓟ 보로바오 HK$17, 에그타르트 HK$10

Hypebeans

하이프빈스 | 카페 |

홍콩의 스트리트 멀티숍인 하입비스트Hypebeast가 오픈한 카페로 뉴욕의 신문 가판대에서 영감을 얻은 복고풍의 미니멀한 스타일이 돋보인다. 홍콩 내 2개 지점 중 코즈웨이 베이 지점에서만 판매하는 호지차 라테는 다크 초콜릿의 풍미를 가미해 더욱 풍부하고 크리미한 맛을 느낄 수 있다. 부드러운 식감의 도넛이 맛있기로도 유명한 곳이다.

Ⓖ MTR Causeway Bay역 D2 출구에서 도보 4분
Ⓐ 11-19, Fashion Walk, Shop 15A, 27-47 Paterson St, Causeway Bay
Ⓗ 월~금요일 10:00-20:00, 토~일요일 10:00-
   21:00
Ⓟ 아메리카노 HK$45, 호지차라테 HK$55

Yik Cheong Building
益昌大廈
익청빌딩

1960년대 초 홍콩의 급격한 도시 성장과 서민 주거 문제를 해결하기 위해 지어진 대표적인 고층 공동주택 단지다. 익청빌딩益昌大廈과 익화빌딩益發大廈 2개의 건물이 ㅁ자 형태로 붙어 있으며 내부 중정이 복잡하게 얽힌 미로형 구조로 유명하다. '몬스터 빌딩'은 이 빌딩의 초밀집된 외벽 구조 때문에 생긴 별칭인데 실제로 수백 개의 발코니와 에어컨 유닛이 뒤엉켜 마치 거대한 괴물의 표면처럼 보이기도 한다.

홍콩의 악명 높은 주거 시스템이 여행자들의 포토 스폿이 된다는 건 아이러니한 일이지만 그럼에도 사진 좀 찍는다 하는 사람들은 홍콩에 도착하자마자 열 일 제치고 이곳부터 찾는다. 〈트랜스포머〉, 〈고스트 인 더 쉘〉 등 할리우드 영화에도 여러 차례 등장하면서 관광객이 더욱 늘었는데 실제 주거용 건물이므로 사진 촬영 시 소음 및 사생활 보호를 유념해야 한다.

ⓒ MTR Quarry Bay역 A 출구에서 도보 8분
Ⓐ Yik Cheong Building, King's Rd, Quarry Bay

Repulse Bay
淺水灣
리펄스 베이

하늘을 찌를 듯한 마천루가 전부일 것 같은 홍콩에도 쉬어 가기 좋은 한적한 바닷가 마을이 있으니 바로 리펄스 베이다. 센트럴에서 출발한 2층 버스가 구불구불한 도로와 깎아지른 절벽을 지나 가파른 산을 오르면 도착하는데, 홍콩 최고의 부촌답게 고급 맨션과 그 앞으로 펼쳐진 백사장 풍경이 지중해의 어느 바닷가 마을을 떠올리게 한다. 할 것 많고 살 것 많은 홍콩이지만 일부러 시간을 내서 방문해도 좋다고 할 만큼 리펄스 베이는 홍콩의 또 다른 면을 보여준다.

찾아가기

센트럴 IFC 몰 인근의 익스체인지 스퀘어Exchange Square에서 출발하는 버스를 이용하면 아름다운 경치를 감상할 수 있다. 어떤 버스를 탑승하든 리펄스 베이 로드Repulse Bay Rd 또는 리펄스 베이 비치Repulse Bay Beach에서 하차하면 된다. 저 멀리 왼쪽 가운데 구멍이 뻥 뚫린 건물이 보인다면 내릴 준비를 하면 된다.

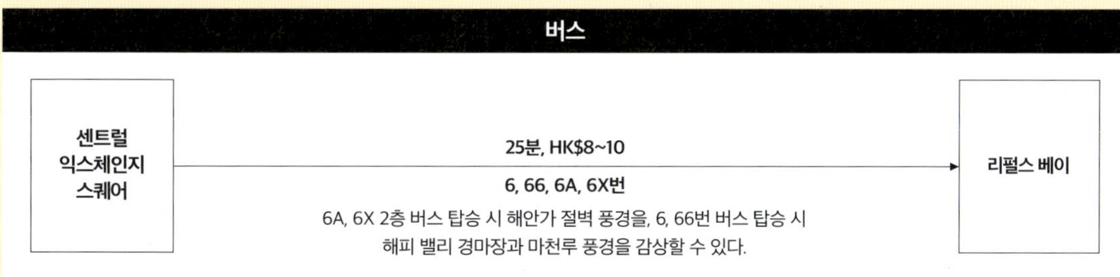

Repulse Bay Mansion

淺水灣大廈
리펄스 베이 맨션

특별한 볼거리가 없어 찾는 이가 많지 않던 리펄스 베이가 지금처럼 필수 여행 코스로 자리 잡는 데 가장 큰 공을 세운 곳이다. 물결 모양의 건물 한가운데 뚫린 구멍은 설계 당시에는 없던 것으로 공사 도중 산과 바다를 오가는 용의 길을 막으면 불행이 닥친다는 소문 때문에 급하게 만든 것이다. 시내에서 출발한 모든 버스가 건물 앞에 정차하기 때문에 리펄스 베이 투어를 본격적으로 시작하기 전 이곳에 들러 식사를 한 후 바닷가 산책에 나서는 것이 좋다.

ⓖ 리펄스 베이 비치 정류장에서 왼쪽 계단으로 이동
ⓐ 113-117 Repulse Bay Rd, Repulse Bay

Repulse Bay Beach 淺水灣泳灘
리펄스 베이 비치

홍콩에서 가장 인기 있는 해변으로 길이가 530m
에 불과하지만 여름이면 해수욕을 즐기려는 사람들
로 넘쳐난다. 편의 시설도 완비되어 있는데 탈의실,
샤워실 등 기본 설비를 모두 무료로 개방하고 있다.
단, 해변의 모래는 중국 하이난 섬에서 사온 것. 따라
서 물속에 들어가면 모래가 아닌 자갈만 가득하다는
것 역시 독특한 재미를 선사한다.

ⓒ 리펄스 베이 비치 정류장에서 내려 맞은편 계단으로 이동
Ⓐ Repulse Bay Beach, Repulse Bay

Tin Hau Temple
天后廟
틴하우 사원

컬러풀한 원색의 도교 사원으로, 1900년대 초반에 지어졌지만 비교적 반듯한 외형이라 새로 지은
테마 공원 같은 느낌이다. 입구에 들어서면 사원 양옆에 자리한 커다란 신상 2개가 눈에 들어온다.
왼쪽이 관음보살, 오른쪽이 바다의 신 틴하우다. 관음보살 바로 앞, 재물의 신 석상은 세 번 문지른
후 그 기운을 주머니에 담으면 부자가 된다고 알려져 석상 전체가 반질반질해져 있다. 재물의 신 바
로 옆 하얀색 신상은 다산의 신으로 남자아이를 만지면 아들을, 여자아이를 만지면 딸을 얻는다고
한다. 재미난 것은 남아 선호 사상으로 남자아이의 머리가 좀 더 반질반질하다는 것이다.

ⓒ 리펄스 베이에서 바다를 정면에 두고 왼쪽 끝까지 직진
Ⓐ Tin Hau Temple, Repulse Bay

The Verandah 露台餐廳

더 베란다 | 애프터눈 티 |

리펄스 베이에서 가장 유명한 레스토랑이다. 1982년까지 리펄스 베이 호텔 레스토랑이었는데, 호텔이 문을 닫은 후에도 레스토랑은 남아 그 명성을 이어가고 있다. 랍스터 요리 같은 전통적으로 유명한 메뉴가 있지만 금액이 다소 비싼 편이라 대부분의 여행객은 애프터눈 티 세트를 즐기는 정도로 만족하는데, 이곳의 애프터눈 티 세트는 침사추이의 페닌슐라 호텔과 비교될 정도로 수준급이다. 무작정 예약 없이 갔다가 낭패를 볼 수 있다는 점을 기억하자. 모든 식기는 영국의 웨지우드Wedgewood 제품을 사용한다.

ⓒ 더 리펄스 베이 쇼핑 아케이드 1층
Ⓐ 109 Repulse Bay Rd, Repulse Bay
Ⓗ 수~금요일 12:00-17:30, 15:00-17:30, 19:00-22:30, 토요일 12:00-
   15:00, 15:30-17:30, 19:00-22:30, 일요일 11:00-15:00, 15:30-17:30,
   18:30-22:30, 월~화요일 휴무
Ⓟ 애프터눈 티 평일 HK$488(1명), HK$688(2명), 주말, 공휴일 HK$528(1명),
   HK$768(2명)

Spices 香辣軒

스파이시스 | 아시아 요리 |

리펄스 베이 맨션에 자리한 고급 레스토랑으로 인도, 태국, 싱가포르 등 아시아 각국의 요리를 선보인다. 북적이는 해안가에서 벗어나 한적한 바다 풍경과 함께 여유로운 식사를 즐길 수 있어 인기가 좋다. 장국영의 생전 단골집으로 알려졌는데 그가 즐겨 찾던 요리는 태국의 전통 수프인 똠얌꿍이다. 코코넛 수프에 태국 향신료와 닭고기가 든 톰카가이Tom Kha Gai도 훌륭하고 탄두리 치킨 등의 인도 요리도 이곳의 대표 메뉴로 꼽힌다. 특히 탄두리 치킨은 진짜 진흙 화덕에서 구워 탄두리 요리의 진면목을 맛볼 수 있다.

ⓒ 더 리펄스 베이 쇼핑 아케이드 G층
Ⓐ 109 Repulse Bay Rd, Repulse Bay
Ⓗ 월~목요일 12:00-21:30, 금요일 12:00-22:30, 토요일 11:30-
   22:30, 일요일 11:30-21:30
Ⓟ 똠얌꿍 HK$133, 톰카가이 HK$150

Stanley 赤柱

스탠리

리펄스 베이가 럭셔리함으로 중무장한 인공 해변이라면 스탠리는 좀 더 편안한 분위기의 대중적인 소규모 바닷가 마을이다. 시내의 번잡함을 피해 온 외국인들의 입소문을 타며 급격히 성장, 오늘날에는 '홍콩 속의 유럽'이라는 별칭으로 불리며 전성기를 누리고 있다. 한적한 바닷가 산책로를 따라 유럽 스타일의 노천카페가 들어서 있어 여행의 낭만을 즐기기에 그만이다. 소박한 기념품 시장과 교과서에 나올 법한 유서 깊은 건물까지 볼거리도 풍성하다. 번잡한 도시를 떠나 하루쯤 푹 쉬고 싶다면 가장 먼저 스탠리를 떠올려보자.

찾아가기   리펄스 베이에서 버스로 15분 거리일 뿐 아니라 시내에서 리펄스 베이로 가는 모든 버스의 종착점이 스탠리이기 때문에 두 곳을 연계해 방문하는 것을 추천한다. 두 곳을 모두 본다 해도 한나절 정도면 충분하다.

Stanley Market 赤柱市集
스탠리 마켓

원래는 작은 마을 스탠리의 일상 용품을 공급하는 현지인의 시장이었지만 1980년대 이후 외국인 관광객이 몰려들기 시작하면서 현재와 같은 기념품 시장으로 변모했다. 몽콕 인근의 전통 시장과 비슷한 품목을 다루지만 관광지인 만큼 금액이 다소 비싸다는 점이 아쉽다. 그러나 볼거리 많고 또 전통 시장임에도 주변 환경이 쾌적한 편이라 구경 삼아 둘러보기 좋다.

Ⓖ 스탠리 빌리지 정류장에서 도보 5분
Ⓐ Stanley New St, Stanley
Ⓗ 매일 10:00-20:00(매장별 다름)

Murray House
美利樓
머레이 하우스

홍콩에서 가장 오래된 공공 건축물로 1844년 장군 조지 머레이의 이름을 따 센트럴에 처음 지어졌다. 당시 용도는 영국군의 막사로 넓찍한 창과 베란다가 강조된 빅토리아풍 건물로 완성되었다. 1982년 중국은행 타워 건설로 헐리게 될 운명에 처했던 머레이 하우스는 일일이 분해해 복원하기로 결정되었고 그렇게 3000여 개의 크고 작은 벽돌에 번호를 매기는 작업이 이루어졌다. 그리고 1998년, 오늘의 자리에 머레이 하우스가 재건립되면서 시민들의 품으로 돌아왔다. 해체와 재조립 당시 새긴 번호들이 아직 남아 있으니 머레이 하우스에 방문한다면 벽돌 하나하나 유심히 살펴보자.

Ⓖ 스탠리 메인 스트리트에서 도보 5분
Ⓐ Murray House, 96 Stanley Main St, Stanley

Blake Pier at Stanley
赤柱卜公碼頭
블레이크 선착장

스탠리 마켓에서 나와 노천 레스토랑이 즐비한 메인 스트리트를 걷다 보면 길 끝으로 바다와 인접한 지점에 동양의 아름다움을 한껏 간직한 기와 선착장이 보인다. 홍콩의 12대 총독이었던 헨리 아서 블레이크Henry Arthur Blake의 이름을 딴 블레이크 선착장은 1909년 설립 후 해안가 매립 작업으로 철거되었다가 2007년 역사적 가치를 인정받아 복원되었다. 오가는 배가 많지 않아 현재는 현지인의 낚시 명소 겸 여행객의 휴식처로 자리 잡았다.

ⓒ 스탠리 마켓에서 도보 10분
Ⓐ Stanley Court, 31-41 Stanley Village Rd, Stanley

Stanley Plaza
스탠리 플라자

스탠리 유일의 현대적 시설의 쇼핑몰로 5층 규모를 자랑한다. 카페와 패스트푸드점, 체인 레스토랑, 슈퍼마켓 등이 입점해 있어 여러모로 편리하게 이용할 수 있다. 4층과 5층에는 바다가 한눈에 내려다보이는 전망대가 자리해 여행객이 즐겨 찾는다. 건물 앞에 있는 야외극장에서는 시즌에 따라 각종 예술 공연과 전시가 열리는데, 외국의 전통 춤이나 발레 같은 수준 높은 공연은 물론 페스티벌과 벼룩시장도 열려 언제 가도 구경거리가 풍성하다.

ⓒ 블레이크 선착장에서 도보 1분
Ⓐ 23, Carmel Rd, Stanley

도시명 | 중화인민공화국
홍콩특별행정구
中華人民共和國 香港特別行政區

특별 행정구기 | 

언어 | 광둥어, 보통화, 영어
면적 | 1,105.6㎢ (서울 605㎢)

인구 | 약 750만 명
종교 | 불교, 도교, 기독교, 이슬람교
통화 | 홍콩 달러(HKD)
국가 번호 | +852

전압	220V / G 타입
시차	우리나라가 홍콩보다 1시간 빠르다.
비행시간	서울 출발 직항편 기준 3시간 30분가량 소요된다.
비자	90일 이내 단기 체류는 비자가 필요 없다. 다만 입국 예정일로부터 6개월 이상 유효한 여권을 소지해야 한다.
환전	우리나라 시중은행, 공항 내 은행, 인터넷 및 모바일 뱅크에서 미리 환전하는 것을 추천한다. 지폐는 HK$10, HK$20, HK$50, HK$100, HK$500, HK$1,000까지 6종을 사용하며 동전은 7종류다.

여행 경비 준비

대형 쇼핑몰이나 음식점 등 대부분 신용카드 사용이 가능하지만 소규모 가게 등 현금만 받는 곳도 있으니 현금도 준비하자. 단, 신용카드는 소액의 수수료가 붙으니 트래블월렛이나 트래블로그 사용을 추천한다. 2가지 모두 해당 애플리케이션에서 홍콩 달러를 원하는 만큼 충전한 후 여행 시 체크카드처럼 사용하면 된다. 여행 전 최소 15일 이상 여유를 두고 신청하는 것이 안전하다.

월별 날씨

최한월인 1월 평균 최고기온 19℃, 평균 최저기온 14℃ 정도로 우리나라 수도권의 10월 초 날씨와 비슷하며, 최난월인 7월 평균 최고기온 32℃, 평균 최저기온 27℃ 정도로 일본 오사카와 비슷하다. 연평균 강수량은 약 2,400㎜인데 5월부터 9월까지 집중되는 편이다. 좀 더 자세한 정보는 홍콩 기상청 사이트(www.hko.gov.hk/tc/index.html) 참고.

월	1월	2월	3월	4월	5월	6월	7월	8월	9월	10월	11월	12월
일평균 최고기온(℃)	18.7	19.4	21.9	25.6	28.8	30.7	31.6	31.3	30.5	28.1	24.5	20.4
일일 평균기온 (℃)	16.5	17.1	19.5	23	26.3	28.3	28.9	28.7	27.9	25.7	22.2	18.2
일평균 최저기온 (℃)	14.6	15.3	17.6	21.1	24.5	26.5	26.9	26.7	26.1	23.9	20.3	16.2
평균 강우량 (mm)	33.2	38.9	75.3	153	291	492	386	453	321	120	39.3	28.8

주 홍콩 대한민국 총영사관	⊕ 월~금요일 09:00-17:30(민원업무 09:00-12:00, 13:30-16:30), 토, 일요일, 공휴일 휴무 ⓟ +852 2529 4141(평일 업무 시간) / +852 9731 0092(긴급 상황 신고, 24시간) ⓖ MTR Admiralty역 B 출구 맞은편 황금색 건물 5층 ⓤ overseas.mofa.go.kr/hk-ko/index.do

모바일 인터넷

1. 로밍

하루 약 1만 원으로 인터넷과 전화 사용이 가능하며, 전화번호가 바뀌지 않기 때문에 우리나라에서 걸려오는 전화도 받을 수 있다. 통신사 고객센터나 공항 내 통신사 부스에서 신청하면 된다.

2. 유심 칩/이심(e-SIM)

좀 더 저렴하게 인터넷 사용이 가능하다. 전화번호가 새로 발급되기 때문에 한국과 통화하려면 카카오톡의 보이스톡을 이용하면 된다. 인터넷을 통해 사전 구매 가능하며 최신 폰의 경우 물리 유심 칩이 아닌 이심을 사용할 수도 있다.

홍콩의 공휴일

1월 1일	양력설	
음력 1월 1일~3일	설날 연휴	
4월 5일	청명	24절기 중 하나로 4월의 절기 한식과 같은 날
3~4월 중	성금요일	그리스도의 십자가 수난일
	성토요일	부활절 전날인 토요일
	이스터 먼데이	부활절 다음 날
5월 1일	노동절	
음력 4월 8일	부처님 오신날	
음력 5월 5일	단오	
7월 1일	홍콩 특별행정구 성립일	
음력 8월 16일	중추절	
10월 1일	중화인민공화국 국경절	중화인민공화국 건국일
음력 9월 9일	중양절	
12월 25일	크리스마스	
12월 26일	박싱데이	

· 세관 통과 ·

홍콩 공항 도착 후 출구로 나가기 전 세관 검사대에서 구입한 면세품에 대해 세관 신고를 해야 한다. 입국 시 세관신고서를 작성하진 않지만 담배 19개비, 향수 50ml, 주류 1병(1l) 이상의 물품에는 세금을 비싸게 물리므로 주의해야 한다. 현금 HK$120,000 이상 소지 시에도 신고를 해야 한다.

· 옥토퍼스 카드 구입 ·

옥토퍼스 카드Octopus Card는 우리나라의 티머니처럼 일정 금액을 충전한 후 사용할 때마다 금액이 차감되는 방식의 교통카드다. 옥토퍼스 카드로 홍콩 시내 모든 대중교통은 물론 편의점, 식당 등에서 결제 수단으로도 이용 가능하다. 공항 곳곳의 자동판매기를 이용하거나 AEL 유인 매표소에서 구입하면 되는데 사용하고 남은 금액은 출국 전 공항 AEL매표소에서 HK$11 수수료 공제 후 현금으로 돌려받을 수 있다.

구분	성인	3~11세	65세 이상
보증금	HK$50		
최초 충전 금액	HK$100	HK$50	HK$50

· 시내 이동하기 ·

❶

공항고속철도
AEL Airport Express Line

가장 빠르게 시내까지 이동하는 방법으로 일종의 고속철도다. 칭이역, 구룡역, 홍콩역 등 3개 정류장에 서며 25분이면 종점인 홍콩역에 도착한다. 시내 AEL역에서 각 호텔까지 무료 셔틀버스도 이용할 수 있다.

AEL 요금표(성인 기준, 3~11세 어린이 성인 요금의 50%)

도착역	소요 시간	싱글(스마트 티켓)	옥토퍼스 카드
칭이	12분	HK$80	HK$73
구룡	20분	HK$115	HK$105
홍콩	24분	HK$130	HK$120

호텔 무료 셔틀버스

AEL 정류장인 홍콩역과 구룡역에서 주요 호텔까지 무료 셔틀버스를 이용해 이동할 수 있다.

구룡역

호텔명	탑승 게이트	운행 시간
알바 호텔 바이 로열 Alva Hotel by Royal	1	10:45 15:05 16:15
도르셋 몽콕 홍콩 Dorsett Mongkok, Hong Kong	2	10:33 11:33 12:33 13:33 14:33 15:33 16:33 17:33 18:33
케리 호텔 홍콩 Kerry Hotel Hong Kong	1	10:35 11:50 13:05 15:05 16:20 17:35 19:05 20:35
로열 가든 구룡 이스트 The Royal Garden Kowloon East	1	10:00 12:00 14:45 16:15 18:00 20:00

홍콩역

호텔명	탑승 게이트	운행 시간
비숍 레이 인터내셔널 하우스 Bishop Lei International House	1	08:10 08:55 09:55 11:10 12:10 13:55 14:40 15:25 16:25 17:25 18:25 19:25
코트야드 바이 메리어트 홍콩 Courtyard by Marriott Hong Kong	2	월~금요일 17:30 18:30 19:30 토~일요일, 공휴일 09:30 10:30 11:30 15:30 16:30 17:30
코스모 호텔Cosmo Hotel 도르셋 완차이Dorsett Wanchai	1	07:40 08:25 09:10 10:05 11:05 12:50 13:50 15:05 16:15 18:15
르 메르디앙 홍콩 사이버포트 Le Méridien Hong Kong Cyberport	1	07:30 08:30 09:30 10:30 11:30 12:30 13:30 14:30 15:30 16:30 17:30 18:30 19:30 20:30 21:30 22:30

---

❷ 공항 버스
Airport Bus

요금도 저렴하고 노선도 다양해 매우 효율적이다. 24시간 운행하기 때문에 새벽 도착 비행기라면 활용할 수 있는 유일한 교통수단이기도 하다. 버스 번호는 주간 버스는 A, 야간 버스는 N으로 시작하며 외곽을 돌아 시내로 향하는 완행버스는 E로 시작한다. 옥토퍼스 카드를 구입했다면 바로 사용 가능하며 현금을 사용하고자 한다면 탑승 시 지불하면 된다. 다만, 정차 역에 따라 금액이 HK$20~49로 다양하기 때문에 탑승 시 기사님에게 금액을 물어보는 편이 좋다. 출퇴근 시간에는 도로가 혼잡하기 때문에 가급적 AEL 이용을 추천한다.

공항버스 노선 및 금액 확인 | www.hongkongairport.com/en/transport/to-from-airport/public-buses.page

---

❸ 택시

홍콩의 택시는 운행 지역에 따라 크게 3가지로 구분되지만 여행객은 홍콩 섬과 구룡반도를 운행하는 빨간색 택시만 기억하면 된다. 기본요금은 HK$29이며 이후 200m마다, 혹은 1분마다 HK$2.1이 추가로 붙는다. 심야 할증 요금은 기본요금에 HK$5가 추가되며 빨간색 택시에만 적용된다. 수하물을 트렁크에 넣어야 한다면 수하물 1개당 HK$6이 부과되며 홍콩 섬과 구룡반도를 오가는 터널 이용 시 HK$25가 부과된다. 공항에서 도심까지 이동 시 약 HK$400~500 정도 예상하면 된다. 시내에서 택시를 이용할 경우 거스름돈을 돌려받지 못할 수도 있기 때문에 옥토퍼스 카드 사용을 권장한다. 최다 탑승 인원이 5명인 택시도 있으니 인원이 여러 명이라면 번호판 옆에 숫자 5라고 적힌 택시를 찾아보자.

· 홍콩 시내 교통 ·

❶ MTR

홍콩 여행에서 가장 많이 이용하게 될 교통수단이다. 1회 탑승 시 HK$6부터 시작하며 빅토리아 하버를 넘어간다면 HK$12.5부터 시작한다. 옥토퍼스 카드 이용 시 5%가량 할인이 적용된다.

이용하기

우리나라와 마찬가지로 승하차 시 옥토퍼스 카드를 개찰구 리더기에 댄 후 통과하면 된다. 객차 내에서는 영어 안내 방송과 전광판을 통해 목적지를 확인할 수 있으며 환승 시 계단을 이용하지 않고 바로 맞은편 플랫폼을 이용하면 되는 역이 많아 편리하다.

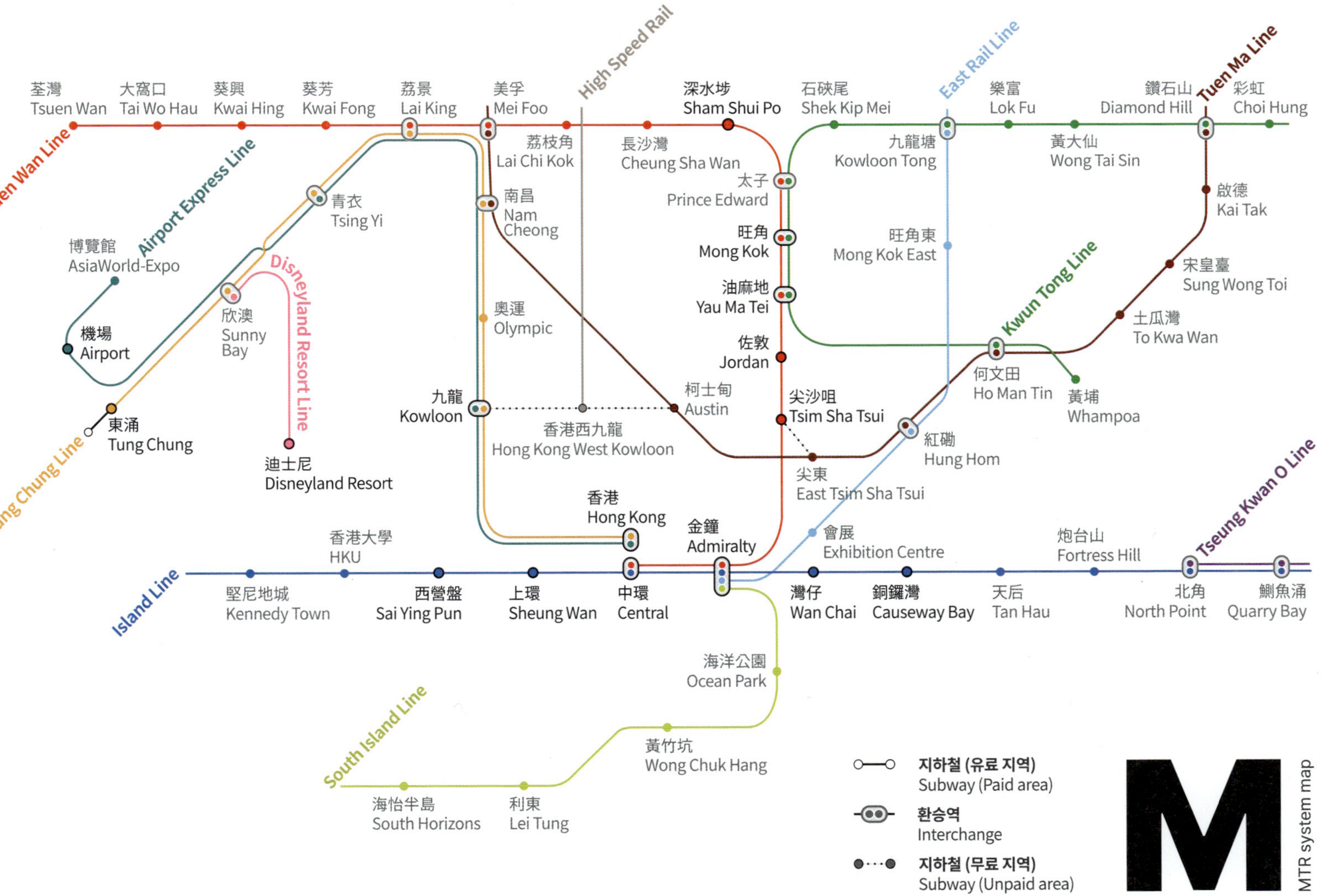
Tsuen Wan Line
Airport Express Line
Tung Chung Line
Disneyland Resort Line
Island Line
South Island Line
High Speed Rail
East Rail Line
Kwun Tong Line
Tuen Ma Line
Tseung Kwan O Line

荃灣 Tsuen Wan
大窩口 Tai Wo Hau
葵興 Kwai Hing
葵芳 Kwai Fong
荔景 Lai King
美孚 Mei Foo
深水埗 Sham Shui Po
石硤尾 Shek Kip Mei
樂富 Lok Fu
鑽石山 Diamond Hill
彩虹 Choi Hung
荔枝角 Lai Chi Kok
長沙灣 Cheung Sha Wan
九龍塘 Kowloon Tong
黃大仙 Wong Tai Sin
啟德 Kai Tak
太子 Prince Edward
旺角 Mong Kok
旺角東 Mong Kok East
宋皇臺 Sung Wong Toi
博覽館 AsiaWorld-Expo
青衣 Tsing Yi
南昌 Nam Cheong
油麻地 Yau Ma Tei
土瓜灣 To Kwa Wan
機場 Airport
欣澳 Sunny Bay
奧運 Olympic
佐敦 Jordan
何文田 Ho Man Tin
黃埔 Whampoa
東涌 Tung Chung
迪士尼 Disneyland Resort
九龍 Kowloon
柯士甸 Austin
尖沙咀 Tsim Sha Tsui
紅磡 Hung Hom
香港西九龍 Hong Kong West Kowloon
尖東 East Tsim Sha Tsui
香港 Hong Kong
金鐘 Admiralty
會展 Exhibition Centre
炮台山 Fortress Hill
香港大學 HKU
堅尼地城 Kennedy Town
西營盤 Sai Ying Pun
上環 Sheung Wan
中環 Central
灣仔 Wan Chai
銅鑼灣 Causeway Bay
天后 Tan Hau
北角 North Point
鰂魚涌 Quarry Bay
海洋公園 Ocean Park
黃竹坑 Wong Chuk Hang
海怡半島 South Horizons
利東 Lei Tung

지하철 (유료 지역)
Subway (Paid area)
환승역
Interchange
지하철 (무료 지역)
Subway (Unpaid area)

M
MTR system map

❷ 스타 페리

구룡반도의 침사추이에서 홍콩 섬의 센트럴이나 애드미럴티까지 단 10분 만에 이어준다. 빅토리아 하버의 풍광을 가장 가까이에서 즐길 수 있어 편리한 MTR 대신 일부러 스타 페리를 이용하는 여행객도 많다. 침사추이-센트럴, 침사추이-완차이 2개의 노선을 운영한다.

이용하기

선착장 내 유인 판매소나 무인 자판기를 통해 토큰을 구입하거나 옥토퍼스 카드를 이용하면 된다. 옥토퍼스 카드는 MTR과 마찬가지로 개찰구 리더기에 터치하면 된다. 상층과 하층은 요금도 다르고 입구도 다르다. 단, 침사추이-완차이 구간의 경우 상층과 하층 구분이 없다는 점 참고하자.

요금

구분	월~금요일		토~일요일, 공휴일	
	상층	하층	상층	하층
성인	HK$5	HK$4	HK$6.5	HK$5.6
3~12세, 65세 이상	HK$2.9	HK$2.8	HK$3.9	HK$3.7

❸ 버스

도심에서는 이용할 일이 많지 않지만 리펄스 베이나 스탠리처럼 외곽으로 간다면 반드시 이용해야 하는 교통수단이 바로 버스다. 요금은 버스마다 다르며 대략 HK$5~10 사이라고 보면 된다. 정확한 요금은 각 버스 정류장에 설치된 노선 안내판에서 확인 후 탑승하는 것이 좋다. 차내에서는 안내 방송을 하지 않기 때문에 전광판의 영어 안내를 잘 주시해야 한다. 현금 지불 시 잔돈을 거슬러주지 않는다는 점 참고하자.

이용하기

우리나라에서처럼 앞문으로 타면서 옥토퍼스 카드를 리더기에 터치하고 뒷문으로 내린다. 일부 할인 적용 구간이 아니라면 내릴 때 다시 카드를 터치할 필요는 없다. 탑승 시 옥토퍼스 카드 리더기 모니터를 통해 현 구간의 금액을 확인할 수 있어 현금을 이용한다면 모니터 확인 후 지불하면 된다.

❹ 트램

홍콩에 왔다면 한 번은 경험해봐야 할 트램은 홍콩 섬의 곳곳을 오가는 2층 전차다. 뒷문으로 올라타 바를 밀고 안으로 들어가서 1층이나 2층에 자리를 잡으면 되는데 당연히 경치를 즐기고자 한다면 2층이 낫다. 내릴 때는 앞문을 이용하며 옥토퍼스 카드 리더기에 카드를 터치하거나 요금함에 동전을 넣으면 된다.

6개 노선 모두 홍콩 섬 북단의 동쪽과 서쪽을 오가는 형태이며 요금은 성인 HK$3.3, 3~11세 HK$1.6, 65세 이상 HK$1.5로 전 노선 동일하다. 현금 사용 시 잔돈을 거슬러주지 않는다.

❺ 오픈 버스

빅 버스 투어 Big Bus Tours

복잡한 지하철에서 벗어나 탁 트인 2층 버스 위에서 홍콩의 입체적인 풍경을 감상하는 투어다. 정해진 시간 내 몇 번이고 탑승과 하차가 가능해 이동 수단으로도 손색이 없다. 마천루 사이를 가르는 짜릿한 도심 루트부터 에메랄드 빛 해안선을 따라가는 낭만적인 루트까지, 한국어 오디오 가이드를 들으며 이 도시가 숨겨놓은 다채로운 이야기 속으로 들어가보자.

루트

노선	명칭	주요 경유지	토, 일요일, 공휴일
레드 루트	홍콩섬 투어	센트럴, 완차이, 코즈웨이베이, 피크트램 승강장	고층 빌딩 사이를 아슬아슬하게 지나가는 짜릿한 시각적 경험
그린 루트	스탠리 투어	리펄스 베이, 스탠리 마켓, 오션 파크, 에버딘	구불구불한 산길을 지나면 나타나는 탁 트인 남중국해의 파노라바 뷰
블루 루트	구룡 투어	침사추이, 몽콕, 템플 스트리트, 스카이100	거리 위로 길게 뻗은 홍콩 특유의 돌출 간판들을 눈앞에서 마주하는 경험

티켓 종류

- **Discover Ticket** (성인 HK$406.34, 3-11세 HK$359.45) | 24시간 권, 3개 노선 중 택 1, 스타 페리 편도 티켓 포함

- **Essential Ticket** (성인 HK$562.62, 3-11세 HK$515.73) | 24시간 권, 3개 노선 모두 이용 가능, 스타 페리 왕복 티켓 포함

- **Explore Ticket** (성인 HK$773.60, 3-11세 HK$726.72) | 48시간 권, 3개 노선 모두 이용 가능, 피크트램 스페셜 콤보 티켓, 스타페리 왕복 티켓 포함

- **Night Tour** (성인 HK$304.74, 3-11세 HK$304.74) | 위 3개 데이 투어와는 별개의 상품으로 60분 간 정해진 코스를 한 바퀴 도는 야경 감상 전용 투어

> **TIP**
>
> ❶ 온라인 여행사를 이용하면 현장 및 공식 홈페이지보다 저렴한 금액으로 티켓을 구입할 수 있다.
>
> ❷ 'Big Bus Tours' 앱 설치는 필수! 버스 도착 예정 시간을 실시간으로 확인할 수 있다.
>
> ❸ 좌석 옆 오디오 잭에 이어폰을 꽂고 8번 채널을 맞추면 각 명소에 대한 재미난 한국어 해설이 나온다.
>
> ❹ 2층 맨 앞 좌석이 시야가 가장 좋다. 다만, 햇빛이 뜨거우니 자외선 차단제를 꼭 챙기자.
>
> ❺ 가장 큰 인포메이션 센터는 센트럴 페리 터미널 7번 부두에 있다. 여기서 실물 티켓 교환 및 지도 수령이 가능하다.

샬레트래블북

HONG KONG

홍콩

초판 발행 2026년 3월 3일

글 | 조성진 · 성혜승

사진 | 정소현 · 강승희

펴낸곳 | ㈜샬레트래블앤라이프

펴낸이 | 강승희 · 강승일

출판등록 | 제313-2009-66

주소 | 서울시 마포구 서교동 어울마당로 5길 26. 1~5F

판매 & 내용 문의 | 02-323-1280

travelbook@chalettravel.kr

디자인 | 기민주

지도 일러스트 | 김선애

ISBN 979-11-88652-40-2 (13910)

값 17,000원

CHALET Travel Book은 ㈜샬레트래블앤라이프의 출판 브랜드입니다.

www.chalettravel.kr